커핑 노하우

CUPPING KNOW-HOW

참고 문헌

1. 『커피스터디 플러스』, 원경수, 최치훈, 김지훈, 김세헌, 아이비라인 출판팀 지음, 아이비라인(2016)

2. 『로스팅 크래프트』, 유승권 지음, 아이비라인(2016)

3. 『커피덴셜』, 송인영 지음, 아이비라인(2015)

4. 『커피 아틀라스』, 제임스 호프만 지음, 김민준, 정병호 옮김, 아이비라인(2015)

5. 『스페셜티 커피 테이스팅』, 호리구치 토시히데 지음, 윤선해 옮김, 웅진 리빙하우스(2015)

6. 『맛이란 무엇인가』, 최낙언 지음, 예문당(2013)

7. "커핑 노하우", 『월간Coffee』, 2016, 174~185호

8. "스페셜 이슈-그린빈", 『월간Coffee』, 2016, 178호

최고의 커피를 찾기 위한 커핑 로드맵

SWEET

FLORAL

NUTTY

COCOA

SPICES

ROASTED

커핑 노하우

CUPPING KNOW-HOW

아이비라인 출판팀 엮음

아이비라인

프롤로그

커피로 일과를 시작하는 사람이 늘고 있습니다. 맛있는 커피, 소위 말하는
'인생 커피'를 찾으러 카페 투어를 다니며 다른 지역으로 여행을 떠나는 것도
서슴지 않죠. 그렇다면 사람들을 움직이게 하는 '맛있는 커피'란 무엇일까요?
이 질문에는 맛있는 김치에 대한 답만큼 다양한 취향이 나올 텐데요.
이를 만족시키기 위해 커피체인에 있는 모든 사람은 저마다 다른 커피의 향미를
해석하고, 맛있는 커피를 완성하는 것을 숙명으로 받아들이고 있죠.
커피는 산지에서부터 로스팅과 추출을 거쳐 손님에게 전달되기까지 향미에 대한
이해를 바탕으로 이뤄집니다. 커핑은 바로 그 모든 순간에 자리하고 있죠. 생산자는
품질 좋은 생두를 재배하기 위해, 그린빈 바이어는 사용 목적에 맞는 커피를 찾고
소비자가 원하는 커피를 추천하기 위해, 로스터는 로스팅의 지표를 가늠하고
결과를 점검하기 위해, 바리스타는 추출의 레시피를 구상하고 최종 맛을 점검하기
위해 커핑을 합니다.
커핑의 목적과 기준은 천차만별이지만, 커피 한 잔을 완성하기 위해 매 순간
커피를 테이스팅하고 향미를 확인하는 과정은 필수입니다. 그렇다면 커피체인
안에서 맛있는 커피를 구현하기 위해 전문가들이 고민하는 기술적, 환경적 현안은
무엇이고, 이를 극복하기 위해서 노력하는 부분은 무엇일까요?

커피체인의 모든 파트에 필수 지식으로 자리매김한 커핑은 사실 직관적인 평가를 통해 향미를 분석하는 부분이 많아 글로 정보를 전달하고 설명하기에 한계가 있는 것이 사실입니다. 그래서 이 책은 월간Coffee가 2016년 6월부터 2017년 5월까지 커핑의 기초부터 심화 내용까지 여러 전문가의 의견을 종합하고 그들의 노하우를 소개하며 연재한 '커핑 노하우' 기사와 취재 데이터를 기반으로 구성했습니다. 커핑의 기술적인 부분을 집약하기보다는 커피체인에서 커핑이 왜 필요한지 근본적으로 알아보고, 커피체인에 속한 각자의 역할에 따라 커핑에 접근하는 관점을 달리 적용했습니다.

그럼 지금부터 모든 그린빈 바이어, 로스터, 바리스타, 카페 오너가 실무에 활용할 수 있는 커핑 팁을, 그리고 커피 애호가들이 맛있는 커피를 찾을 수 있는 기준과 방법을 소개합니다. 모두 각자의 기준에서 최고의 커피를 찾는 데 〈커핑 노하우〉가 도움이 되기를 바랍니다.

CONTENTS

05

CUPPING & ROASTING

커핑 & 로스팅

06 CUPPING & EXTRACTION

커핑 & 추출

07 CUPPING PRACTICE

커핑 실습

11

COMMUNICATION WITH CUSTOMERS

소비자 전달법

INTERVIEWEE LIST

인터뷰에

도움을 주신 분들

PART

01.

ABOUT

CUPPING

커핑이란

어떤 커피가
맛있는 커피일까?

'어떤 커피 좋아하세요?'라는 질문을 했을 때 사람들의 반응은 다양하다. 어떤 사람은 자신이 좋아하는 카페의 이름을, 또 어떤 사람은 구체적인 커피산지를 언급한다. 신맛이 나지 않는 커피라고 대답하는 사람도 있다. 커피는 개인의 '입맛'이라는 지극히 주관적인 관점에서 평가할 수밖에 없어 우리가 어떤 커피를 좋아하는지는 곧 맛있는 커피를 판단하는 기준이 된다. 모두가 맛있다 하더라도 어느 한 사람에게는 별다른 매력이 없는 커피일 수 있다.

주관적인 기준

커피맛에 대한 기호는 문화권에 따라 달라지기도 한다. 인스턴트커피에 길든 한국인들은 누룽지처럼 구수하고 깊은 맛이 나는 커피를 좋아하지만, '노르딕 로스팅Nordic Roasting'이라는 단어가 탄생할 만큼 라이트 로스팅light roasting*이 유행인 북유럽에서는 같은 커피를 놓고 탄맛이 강한 커피라며 거부감을 느낄 수도 있다.

때로는 맛보다 자신이 속한 집단이나 개인의 생활 방식에 따라 맛있는 커피를 정의하기도 한다. 화학자는 각종 화학 수식으로 이뤄진 특정 분자들의 결합을 가장 이상적인 맛이라고 표현하는 반면, 경제학자는 소위 말하는 '가성비*'에 맞춰 커피를 평가하고, 예술가라면 자신에게 영감을 주는 커피가 가장 맛있다고 말할 수도 있다. 이들 모두 각자의 기준이 다를 뿐 누구 하나 틀린 것은 아니다.

커피업계에서 말하는 맛있는 커피

커피를 전문적으로 다루는 커피업계에서는 최상의 환경에서 커피체리를 재배하여 파치먼트parchment* 형태로 가공한 다음, 생두green bean 본연의 향미를 끌어내는 작업인 로스팅을 거쳐 원두roasted bean 상태에 따라 적절한 방식으로 추출하면 맛있는 커피가 된다고 말한다. 하지만 맛있는 커피를 만들기 위해서는 무엇보다 커피체인coffee chain*의 각 과정마다 커피의 향과 맛에 대한 기본적인 이해가 선행되어야 한다. 커피의 향과 맛은 곧 커피향미를 의미한다. 커피 체인의 모든 일은 결국 커피가 가진 향미를 표현하는 과정이다. 향미에 대한 해석 없이는 자신이 의도하는 커피를 구현할 수 없다. 이를 위해 각자의 취향이 아닌 공통된 기준과 방식으로 커피향미를 표현하고 평가하고자 한것이 바로 커핑cupping이다. 우리는 커핑을 통해 각자가 생각하는 맛있는 커피의 의미를 객관화할 수 있고, 이를 바탕으로 다른 사람들에게 자신이 만든 커피가 왜 맛있는지 설득할 수 있다.

* 라이트 로스팅 : 로스팅을 마친 원두의 색으로 로스팅 단계를 구분하는 로스팅 레벨(roasting level) 중 라이트 로스팅은 생두가 열을 흡수하면서 수분이 빠져나가는 단계로, 1차 크랙(1st crack)을 시작하고 얼마 지나지 않은 시점이다. 간혹 어떤 스페셜티 커피는 꽃과 과일의 섬세하고 풍부한 아로마를 살리기 위해 일부러 라이트 로스팅을 하기도 한다.
* 가성비 : '가격 대비 성능비'의 준말. 여기서는 커피 한 잔을 만드는 데 드는 비용 대비 소비자가 지불하는 가격을 뜻한다.
* 파치먼트 : 커피체리의 씨앗 부분을 감싸고 있는 다갈색의 얇은 껍질. 커피업계에서는 파치먼트로 둘러싸인 생두를 파치먼트라 통칭하기도 한다.
* 커피체인 : 커피체리의 재배부터 수확, 가공, 로스팅, 추출에 이르기까지 한 잔의 커피가 만들어지는 일련의 과정을 커피체인이라 한다.

스페셜티 커피

언젠가부터 '스페셜티 커피specialty coffee'라는 단어가 좋은 커피와 맛있는 커피를 뜻하는 말로 통용되고 있다. 일반적으로 스페셜티 커피는 규정된 커핑 시스템에서 일정 점수 이상을 획득한 우수한 품질의 커피를 말한다.

CHECK LIST	스페셜티 커피의 기준 점수
	• SCASpecialty Coffee Association(스페셜티커피협회) 커핑 기준 : 80점 이상
	• CoECup of Exellence*(컵오브엑설런스) 커핑 기준 : 86점 이상

여기에 더해 스페셜티 커피는 생두의 생산 이력을 추적할 수 있어야traceability 한다. 해당 커피가 어느 국가의 어떤 농장에서, 누구의 손으로 재배되었는지를 따지는 것이다. 이는 커피의 원재료가 만들어지는 과정에 주목하여 생산자의 노력을 평가함으로써 최종 품질을 결정하는 데 반영된다.

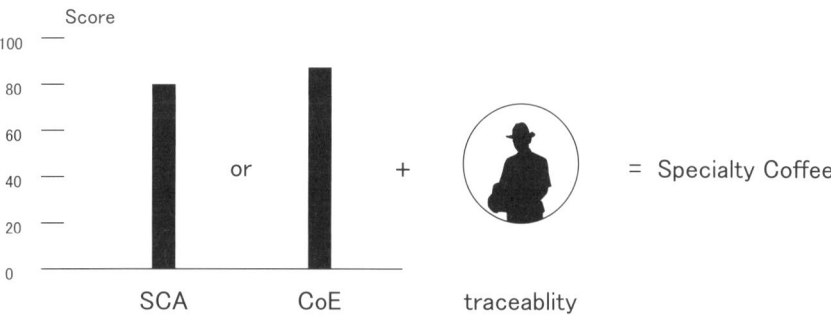

하지만 스페셜티 커피의 범위를 한정하기에는 여전히 논란의 여지가 남아 있다. 커핑 점수 이외에도 스페셜티 커피를 해석하는 기준이 너무나 많기 때문이다. 높은 점수의 커피라고 한들 고객의 입맛이나 커피의 사용 목적에 맞지 않으면 소용없고, 좋은 점수를 받은 커피가 몇 년 후에도 그대로 스페셜티 커피일 거라는 보장도 없다. 스페셜티 커피, 그리고 좋은 커피에 대한 기준이 하나로 정해진 것은 아니지만, 더 나은 커피를 만들기 위한 커피업계의 노력은 꾸준히 이루어지고 있다.

* CoE : ACE(Alliance for Coffee Exellence)에서 주관하는 생두 대회 및 경매 시스템.

커 핑 의 정 의

커핑은 커피의 생산 이력과 고유한 향미를 확인하는 작업이며, 커핑을 위해 준비한 커피는 통상 커피샘플이라고 부른다. 커핑은 단순히 커피를 음미하는 것과는 차이가 있는데, 세계적으로 통용되는 규칙을 바탕으로 커피가 지닌 향미를 세분화하고 구체적인 언어로 표현한다. 커핑에 참여한 사람들은 향미 평가를 마친 후 커피샘플을 어떻게 활용할 것인지 결정하여 우리가 흔히 마시는 음료의 형태로 완성한다.

커핑은 커피체인의 전 과정에서 진행되는 기본 작업이다. 커핑에는 커피생산자, 그린빈 바이어green bean buyer, 무역업자, 유통업자, 생두 회사나 로스팅 회사의 QCQuality Control(품질관리) 담당자, 로스터와 바리스타 그리고 최종 소비자까지, 수많은 사람의 이해관계가 얽혀 있다. 커피와 관련된 모든 사람은 각자의 역할과 목적에 맞는 기준을 세우고 커핑을 진행한다. 때로는 커핑의 결과가 커피의 등급과 순위를 매기거나 시장 가격을 결정하는 중요한 요소가 되기도 한다.

커핑의 기능

커퍼의 역할

커핑을 전문적으로 하는 사람을 흔히 커퍼^{cupper}라고 부르지만, 사실 커피산지를 제외하고는 커핑 자체를 직업으로 삼는 사람은 찾아보기 힘들다. 산지에서는 수확 후 가공된 다양한 생두를 등급별로 구분하는 것이 일상이고, 인근 지역에서 생산된 커피체리를 한데 모아 처리하는 경우도 있기 때문에 커핑을 위한 전문 인력을 따로 두는 것이 일반적이다.

하지만 소비국의 사정은 다르다. 소비국에서 커퍼란 단순히 커핑'만' 하는 사람이 아니다. 소비국의 커퍼는 생두를 구매하거나 생두 대회에서 심사할 때를 제외하고는 주로 매장에서 사용할, 혹은 납품처에 공급할 원두를 놓고 로스팅이나 추출에서 의도한 향미가 제대로 구현되었는지를 확인하는 품질관리 성격의 커핑을 진행한다.

또한 커피의 향미 특성을 분석하여 손님이나 납품처, 커피 관련 대회에 출전하는 선수 등 다양한 사람들에게 그들의 목적과 컨셉에 맞는 커피를 소개하고 추천하는 역할도 한다. 상황에 따라 커퍼는 큐그레이더^{Q-grader}, 커피감정사, 커피감별사, 그린빈 바이어 등의 이름과 동일시되기도 한다.

커핑의 영역

커핑은 단순히 품질이 좋은 커피와 그렇지 않은 것을 구분하는 작업이 아니다. 커핑은 커피샘플의 장점과 단점을 모두 파악해 알맞은 활용법을 고안하는 과정이다. 커피체인에서 커핑은 기본 소양이라고 언급했듯이, 커피체인에 속한 사람이라면 누구나 커핑을 통해 커피의 원재료를 이해하고 분석하며 각자의 위치에서 어떤 커피가 적절하고 좋은 선택일지 자신만의 정의를 내려야 한다. 이것이 바로 커핑의 목적이자 역할이다. 이후 완성된 결과물을 놓고 다른 사람들과 소통할 때도 커핑은 각자의 의견을 전달하는 도구로 활용된다.

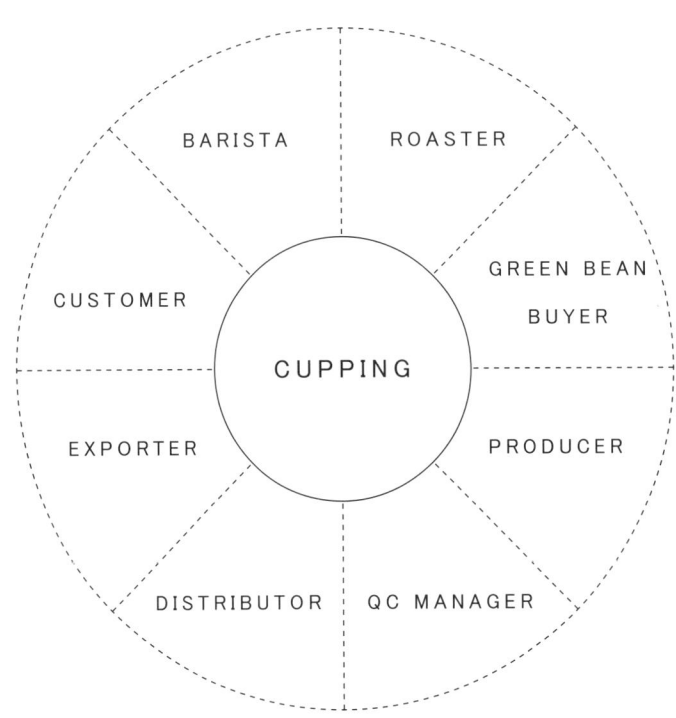

TIP	확장된 커핑의 영역

만약 카페나 로스터리 운영을 계획하고 있다면, 커핑이 상권과 고객층에 맞는 커피를 선택할 때 전체적인 방향성을 제시해 줄 것이다. 이때는 오피스 상권인지 대학가 상권인지, 어떤 고객층을 타깃으로 설정할 것인지 등을 고려하는데, 예를 들어 하루에도 두 잔씩 커피를 마시는 사람이 많은 오피스 상권이라면, 대부분 화려한 꽃향기와 산미acidity가 도드라지는 커피보다 데일리 커피로 마셔도 부담스럽지 않은, 단맛sweetness이 좋고 밸런스balance가 뛰어난 커피를 선호하는 경향이 있다. 이처럼 커핑을 통해 자신이 추구하는 향미의 범위를 설정하고, 고객들의 니즈를 파악해 원두를 선택하거나 로스팅 프로파일roasting profile*을 구축하는 것이 좋다.

* 로스팅 프로파일 : 로스팅 과정에서 열에 의해 변하는 생두의 온도와 드럼(drum) 내 온도 등 여러 로스팅 요소의 변화 흐름을 기록한 도표나 그래프로, 로스팅이 전반적으로 어떻게 이뤄졌는지 살필 수 있는 객관적인 지표다.

PART

02.

PURPOSE OF

CUPPING

커핑의 목적

생두 커핑

커핑은 크게 생두의 특성을 파악하는 커핑과 로스팅된 원두의 품질관리를 위한 커핑으로 나뉜다. 두 가지 모두 과정 자체는 크게 다르지 않지만, 같은 커피를 놓고 커핑을 진행하더라도 목적에 따라 구분할 수 있다. 이와 더불어 최종 추출이 제대로 이뤄졌는지 확인하는 컵 테이스팅cup tasting도 커핑의 한 범주로 볼 수 있다.

우선 생두 커핑은 생두의 구매 여부가 가장 큰 관심사로 작용하는 만큼 일종의 생두 평가 시스템으로 사용된다. 명칭은 생두 커핑이지만 기본적으로 모든 커핑은 로스팅한 원두로 커피를 추출해 진행한다. 생두 커핑이 끝난 후 원하는 커피샘플이 커핑 테이블에 올라와 있다면 생두 거래로 이어진다.

CHECK LIST	생두 커핑의 목적
	• 커피샘플이 지닌 고유의 캐릭터 파악
	• 커피샘플의 사용 용도 확인
	• 장기간 보관에도 생두의 특성이 잘 유지될지 가늠

생두 커핑의 난점

생두 커핑은 커피의 원재료 구매와 직결되는 부분인 만큼 커피산지에서 진행되거나 국내에 도착한 지 얼마 안 된 신선한 커피샘플로 진행하는 경우가 많다. 이러한 커피샘플을 커핑하면 생두 자체가 아직 숙성이 덜 된 상태라 마치 떫은 감을 먹는 듯한 느낌이 나곤 한다. 게다가 커핑을 위한 샘플 로스팅sample roasting*도 커피향미를 최대치로 끌어올리지 않고, 생두가 지닌 잠재성을 최소한만 드러내는 정도로 진행되기 때문에 넓은 범위에서 향미의 뉘앙스를 파악할 수밖에 없다. 물론 어느 정도 숙성 기간을 거치고 나면 생두가 지닌 본래의 캐릭터가 뚜렷해져 평가를 진행하기가 한결 수월해진다.

이처럼 생두 커핑은 평가에 영향을 미치는 요소가 많아 향미의 특성을 정확히 파악하여 구매를 결정하기 위해서는 수많은 경험을 필요로 한다. 이에 그린빈 바이어들은 커핑 전반에 대해 긴장감과 책임감을 가지고 꾸준히 훈련한다.

---

* 샘플 로스팅 : 본격적인 로스팅에 앞서 생두를 소량만 시범적으로 로스팅하여 커피가 지닌 향미 특성을 파악하는 작업.

원두 커핑

원두 커핑은 생두를 보관하고 로스팅하는 과정에서 잘못된 부분을 찾아내 개선하기 위한 QC 작업이다. 이를 위해 로스터, 바리스타 등 커피체인에 속한 사람들은 파트별로 일정한 기준을 정해 커피의 품질을 유지, 관리한다. 로스터에게 커핑은 각자가 추구하는 향미를 표현하기 위해 로스팅 프로파일에 어떤 변화를 주면 좋을지 고민하는 과정인 동시에, 로스팅이 의도한 대로 구현되었는지 확인하는 과정이다. 바리스타가 커핑으로 각각의 커피샘플에 적합한 추출 레시피의 방향을 설정하는 것도 마찬가지다 .

원두 커핑의 핵심은 현재 매장에서 사용하거나 납품하는 원두에 대한 평가이자 기록이라는 점이다. 로스터든, 바리스타든 각자의 위치에서 작업한 결과물에 대한 확인 과정이 없으면, 추구하는 커피의 방향성이 모호해진다. 이를 경계하고 원두 커핑을 통해 자신이 중점을 둬야 할 부분을 분명히 하면, 더 나은 커피를 완성하는 데 가까워질 수 있다.

PURPOSE OF CUPPING

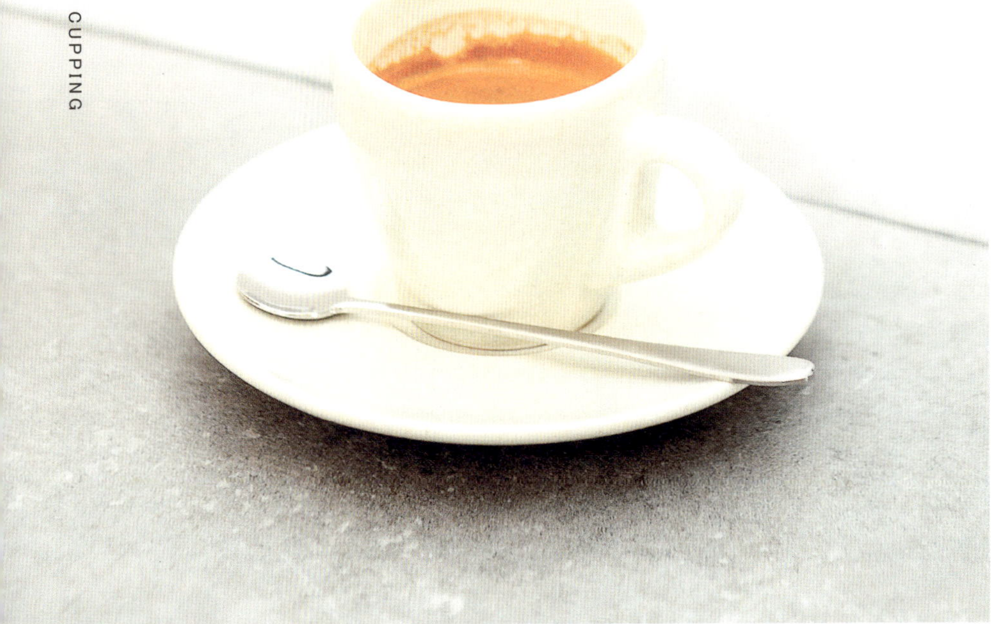

컵 테이스팅

생두 커핑과 원두 커핑으로 커피의 향미 특성을 파악한 다음에는 추출에서
도 이러한 특징이 잘 표현됐는지 확인하는 컵 테이스팅 과정을 거친다. QC
의 최종 단계라고도 할 수 있는 컵 테이스팅은 주로 추출에 직접 관여한 바
리스타가 진행하지만, 경우에 따라 로스터나 그린빈 바이어 등 해당 커피를
완성하는 데 참여한 모든 사람이 함께 모여 결과를 공유하고 문제가 있다면
머리를 맞대 해결 방안을 모색하기도 한다. 이때는 커피의 강점을 부각시키
고 약점은 최소화할 수 있는 추출 범위를 찾는 것이 가장 중요하다.

PART

03.

COFFEE

CULTIVATION

커피 재배

COFFEE CULTIVATION

커 피 산 지 에 서
이 루 어 지 는 일

커피향미는 생두 상태에서 이미 결정된다. 이후에 이루어지는 로스팅이나 추출은 향미를 무에서 유로 새롭게 창조하는 것이 아니라 생두에 본래 내재되어 있는 향미 특성을 여러 물리적, 화학적 반응으로 발현해 강약을 조절하는 것일 뿐이다. 향미를 결정짓는 데는 무엇보다 커피체리의 재배와 수확, 가공이 중요한 요소로 작용한다. 특히 스페셜티 커피업계에서는 커피산지와 소비국이 협력하여 좋은 품질의 커피를 생산하기 위한 과정에 비용 투자나 기술 개발 등 수많은 노력을 기울이고 있다.

재배

생산 지역의 고도, 기후, 토질 등 자연 조건은 커피나무의 생장에 큰 영향을 미치며, 생산자들도 주변 환경에 맞춰 커피품종과 가공 방식을 선택하거나 경작법을 달리 한다. 고온다습한 아시아 지역에서는 아라비카Arabica* 생산이 어려워 주로 로부스타Robusta*를 생산하고, 티피카Typica나 버번Bourbon과 같은 아라비카 재래종은 병충해에 약해 셰이드 트리shade tree*를 필요로 하는 등 이상적인 조건이 갖춰지지 않으면 재배가 어렵다.

일반적으로 재배 고도가 높으면 일교차가 심해 커피체리가 천천히 익으면서 밀도가 높아진다. 또한 커피체리는 낮에 광합성 작용으로 생성한 포도당glucose을 기온이 떨어진 밤사이에 산소 호흡을 하며 소진하기 때문에 산미도 높아진다. 이러한 논리로 커피업계에서는 재배 고도가 높을수록 생두의 전체적인 품질이 좋아진다는 의견이 지배적이지만, 단순히 재배 환경만으로 생두의 특징을 일반화할 수는 없다. 고도가 낮아도 적정한 기후 조건이 갖춰지면 생두의 복합적인 향과 산미가 발현되는 경우가 발생하기 때문이다.

* 아라비카 : 공식 학명은 코페아 아라비카(Coffea Arabica)로, 기후의 영향을 많이 받고 병충해에 약하다. 주로 고도가 높은 곳에서 넓이 새해뇌너, 신미를 비롯한 복입식인 양미를 시닌 품쭝으로 쌩가뵌나.

* 로부스타 : 코페아 카네모라(Coffea Canephora)의 대표적인 하위품종으로, 기후 조건이나 재배 고도에 크게 영향을 받지 않으며 생산성이 좋아 대량 생산에 유리하다.

* 셰이드 트리 : 직사광선을 피하기 위해 키가 크고 잎이 넓은 나무를 커피나무 주변에 심어 그늘을 만든다. 이 주위로 모여든 새들이 해충을 잡아먹는 효과도 있다.

경작

커피나무는 씨앗을 바로 땅에 뿌리지 않고, 묘포nursery에서 묘목으로 키운 다음 농장에 옮겨 심는다. 커피나무는 품종에 따라 잎과 열매 모양이 조금씩 다르며, 재배 방식도 산지별, 농장별로 차이가 있다. 때로는 토양이나 품종의 한계를 극복하고 품질을 향상시키기 위해 고급 비료를 사용하기도 한다.

햇빛 경작법sun grown

커피나무를 그늘 없이 햇빛에 그대로 노출해 경작하는 방식이다. 커피체리를 단기간에 재배할 수 있다는 장점이 있지만, 열매가 겉만 익는 현상이 발생할 수 있다. 주로 브라질처럼 대규모 농장이 많은 곳에서 선택하는 경작법이다.

그늘 경작법shade grown

커피나무 주변에 셰이드 트리를 심어 일조량을 조절하는 방식으로, 병충해가 줄어들어 유기농법으로 커피체리를 재배하는 데 도움이 되기도 한다. 주로 스페셜티 커피를 생산하는 농장에서 선택하는 경작법이다.

커피나무의 묘목을 기르는 모습

핸드 피킹하는 모습

수확

커피체리를 수확하는 방법은 농장마다 다르다. 품질의 균일성을 위해서는 알맞게 무르익은 커피체리를 핸드 피킹^{hand picking}으로 선별하는 것이 이상적이지만, 실질적으로 산지에서 핸드 피킹만 고수하기에는 농장의 규모와 임금 문제 등 어려움이 있다.

핸드 피킹

사람의 손으로 잘 익은 커피체리만 골라 수확하는 방법이다. 한 나무에서 자란 커피체리여도 각각 익는 속도가 다르기 때문에 수확기 내내 농부들이 직접 커피체리의 성숙도를 확인하고 수확하는 작업을 반복한다. 커피체리를 일일이 손수 따야 한다는 수고가 따르지만, 커피의 품질을 높이고 일관성을 유지하기에 좋은 방법이다. 스페셜티 커피업계에서는 농부들에게 잘 익은 커피체리와 그렇지 않은 커피체리를 구분하는 법을 교육하고 수확물의 질에 따라 임금을 차등 지급하는 등 품질 향상을 위해 노력한다.

스트리핑stripping

핸드 피킹과 마찬가지로 수작업으로 진행하지만, 커피체리의 성숙도와는 상관없이 나뭇가지에 달린 모든 열매를 손으로 훑어 수확해 품질이 고르지 않다. 고가의 장비가 필요하지 않고 핸드 피킹에 비해 인건비가 비교적 적게 드는 편이다.

기계 수확

주로 대규모 농장에서 사용하는 방식으로, 트랙터를 이용해 커피체리를 수확한다. 짧은 시간에 많은 양을 수확할 수 있지만 기계로 나무를 흔들어 열매를 떨어뜨리는 방식이기 때문에 수확물의 품질이 균일하지 않고, 경사가 심한 농장에서는 사용하기 힘들다.

가공

농장에서 수확한 커피체리는 일련의 가공 과정을 거쳐 생두가 된다. 대표적인 가공 방식으로는 내추럴 프로세스natural process*와 워시드 프로세스washed process*가 있는데, 최근에는 이 두 가지 방식을 세분화하고 가공 단계별로 변화를 준 다양한 가공 방식이 등장하고 있다. 가공 방식별로 일정한 진행 순서가 있지만, 같은 방식이라도 생산 지역의 기후나 고도, 가공 기계의 종류, 유통 구조 등으로 인해 절차에 조금씩 차이가 있다.

가공 과정이 끝나면 생두는 어느 정도 휴지 기간을 거친 후 수출하기 전에 기계로 파치먼트를 탈곡hulling하고, 스크린 사이즈screen size*를 재거나 디펙트defects*를 제외시키는 등 생두의 등급을 구분하여 포장하는 작업을 거친다.

---

* 내추럴 프로세스 : 46페이지 참고.
* 워시드 프로세스 : 46페이지 참고.
* 스크린 사이즈 : 생두의 크기를 구분하는 단위.
* 디펙트 : 생두에 물리적, 화학적 변화가 가해져 발생하는 향미 결함. 결점두라고도 한다.

커피품종

전 세계에서 대량으로 생산하고 소비하는 커피품종은 크게 아라비카와 로부스타로 나눌 수 있다. 인류가 처음 수확한 커피가 에티오피아 티피카였다는 기록을 시작으로 그간 커피산지에서는 자연적으로 혹은 인공 교배와 연구 개발을 통해 수많은 신품종이 등장했고, 현재는 그 수가 120여 종을 넘는다. 그중 몇몇 대표적인 품종의 특징을 알아보려 한다. 다만 생두는 품종뿐 아니라 가공 방식과 재배 환경 등 여러 요인의 영향을 받기 때문에 절대적인 특징을 정의하기 어렵다는 점을 유의해야 한다.

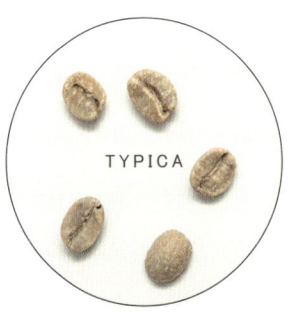

티피카 : 가장 오래된 아라비카 재래종 가운데 하나다. 생두의 형태가 길쭉하고 부드러운 산미와 과일향이 주를 이룬다. 병충해에 약하고 격년으로만 수확할 수 있어 생산성은 낮은 편이다.

버번 : 티피카의 변종이다. 상대적으로 크기가 작고 둥글며, 생두 중앙에 세로로 파인 센터 컷center cut이 S자 모양이다. 특유의 단맛과 바디body가 좋다. 티피카와 마찬가지로 병충해에 약해 생산성이 낮다.

문도 노보Mundo Novo : 버번과 수마트라Sumatra의 자연 교배종으로 브라질에서 처음 발견된 품종이다. 병충해에 강하고, 고유의 산미와 쓴맛bitterness이 밸런스를 이룬다.

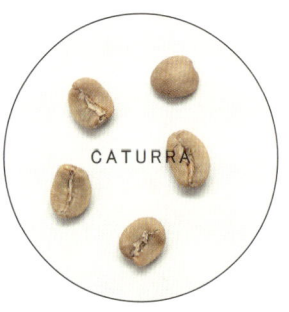

카투라Caturra : 버번의 변종으로 고지대에서 잘 자라며 밀도도 높은 편이다. 산미가 뛰어난 품종 중 하나다. 산지에서는 키가 작은 사람을 '카투라'라고 부를 정도로 커피나무의 키가 작아 수확이 용이하다.

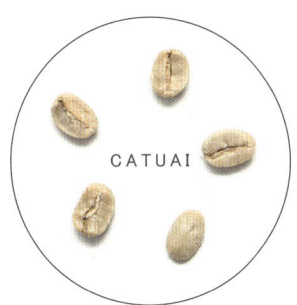

카투아이|Catuai : 문도 노보와 카투라의 교배종으로 병충해에 강해 생산성이 높지만, 비교적 단조로운 향미를 지녔다.

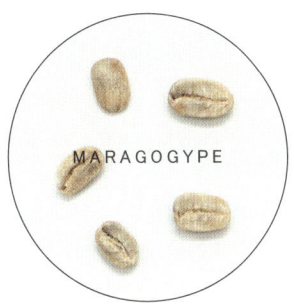

마라고이페|Maragogype : 브라질에서 처음 발견된 품종으로, 커피나무의 키와 생두의 크기가 커서 '엘리펀트 빈elephant bean'이라 부르기도 한다.

파카마라|Pacamara : 파카스Pacas와 마라고이페의 교배종으로 주로 엘살바도르에서 생산된다. 풍부한 과일향과 초콜릿chocolate 향미가 특징이며 생두의 크기가 큰 대신 밀도는 낮은 편이라 로스팅 시 각별한 주의가 필요하다.

품종 트렌드

게이샤Geisha/Gesha

몇 년 전부터 꾸준히 커피업계에서 인기의 주역으로 꼽히는 품종은 단연 게이샤다. 이를 증명하듯 월드바리스타챔피언십World Barista Championship, WBC을 비롯한 바리스타 대회의 많은 참가 선수들이 게이샤를 이용해 시연을 펼쳤고 그중 일부는 좋은 성적을 거뒀다. 특히 2016 월드바리스타챔피언십에서는 파이널 리스트에 오른 여섯 명의 선수 가운데 챔피언을 차지한 대만의 버그 우Berg Wu를 포함해 총 네 명의 선수가 게이샤 커피를 선보였다.

게이샤는 대회를 준비하는 바리스타나 소비자는 물론 생산자들의 관심까지도 한몸에 받고 있어 게이샤로 유명한 파나마와 다른 중미 지역에서도 게이샤 품종을 재배하는 농장이 점점 늘고 있다.

CHECK LIST	게이샤의 일반적인 특징
	• 생두 모양 : 크기가 크고 길쭉하다.
	• 재배 환경 : 양질의 토양, 높은 고도, 일교차가 크고 선선한 기후
	• 향미 : 재스민jasmine과 같은 꽃향기와 풍부한 과일향, 뛰어난 산미

GEISHA / GESHA

재래종으로의 회귀

게이샤의 인기와 더불어 재래종에 대한 관심도 증가했는데, 티피카, 버번과 같은 재래종을 찾거나 그중에서도 옐로우 버번Yellow Bourbon, 레드 버번Red Bourbon처럼 세분화된 품종을 찾는 사람이 많아졌다. 현재까지의 품종 개량이 대부분 수확량을 늘리거나 병충해와 서리 피해에 대비해 생두의 내성을 강화하는 쪽으로 진행되어 왔기 때문에 향미의 복합성을 향상시키기는 상대적으로 어려웠다. 이에 고품질 커피를 추구하는 스페셜티 커피시장에서 향미가 뛰어난 재래종에 대한 수요가 증가한 것으로 평가된다.

품종의 근원

커피업계의 트렌드라고 보기에는 아직 일부의 움직임이지만, 유게니오이데스Eugenioides처럼 아라비카 재래종보다 더 상위 개념인 원종이 주목받기 시작했다. 이는 향미에 대한 커피업계 종사자들의 근본적인 질문과 그 해답을 찾는 과정에서 비롯된 자연스러운 움직임으로 해석된다. 흔히 접하는 교배종이나 변종을 비롯해 서로 다른 품종들 사이에 나타나는 유사점과 특이점을 분석하고 그 원인을 찾는 과정에서 결국 모든 품종은 원종에서 파생된 것임을 깨닫기 때문이다. 이러한 품종에 대한 연구와 실험은 생계유지가 우선인 일반 농장보다 선진국의 대형 커피회사들이 나서서 시도하는 형태가 주를 이룬다.

Coffea Canephora	Coffea Eugenioides
코페아 카네포라	코페아 유게니오이데스

Coffea Arabica
코페아 아라비카

티피카, 버번, 파카스, 파카마라, 게이샤 등

로부스타의 재평가

일반적으로 로부스타는 밀도가 낮아 로스팅을 하면 열에 의해 굉장히 빠르게 팽창한다. 이러한 원두를 에스프레소로 추출하면 수용성 성분이 추출 초반인 8~10초 즈음에 거의 다 빠져나오고 후반으로 갈수록 나무woody 계열의 향미와 부정적인 쓴맛을 내는 성분이 많아져 향미의 밸런스가 깨지는 경향이 있다. 때문에 그동안 로부스타는 대부분 클린컵clean-cup*을 느끼기 어렵고 쓴맛이 강조되는 품종으로 알려져 왔다.

ROBUSTA

하지만 근래에는 로부스타가 지닌 묵직한 바디와 초콜릿 향미가 긍정적인 평가를 받고 있고, 농장에서 사용하는 가공 방식과 기계의 발전과 더불어 전반적인 커피 지식 수준이 향상되면서 좋은 품질의 로부스타가 속속 등장하기 시작했다. 실제로 유명한 로부스타 산지 중 하나인 인도에서는 가공 기술의 변화가 활발히 이뤄지고 있다. 최근에는 허니 프로세스honey process*를 접목한 로부스타를 생산해 이목을 끌었는데, 기존의 로부스타에서 찾기 힘든 베리berry 계열의 테이스팅 노트tasting note가 나타났다고 한다.

---

* 클린컵 : 커핑 평가 항목 중 하나. 커피향미가 선명하고 깔끔하여 잡미와 같은 방해를 주는 요소가 있는지 판단한다.

* 허니 프로세스 : 47페이지 참고.

고품질 로부스타를 위한 노력

이전에도 고품질 로부스타가 없었던 것은 아니지만, 국내에 수입되는 것은 찾아보기 힘들었다. 한국에서 로부스타는 주로 인스턴트커피를 비롯한 저가 커피를 제조하는 데 사용되었기 때문이다. 하지만 지금은 과거와 달리 프리미엄 커피에 대한 수요가 증가하면서 커피시장의 마켓 리더들이 고품질 로부스타를 많이 소개하고 있다. 로스터와 바리스타 역시 로부스타의 장점을 부각시키는 로스팅 프로파일과 추출법을 고안해내고 있다.

로부스타 커핑 기준의 변화

로부스타를 커핑할 때의 기준도 조금씩 변하고 있다. 기존에는 큐그레이더와 구분하여 로부스타의 품질을 전문적으로 평가하는 알그레이더R-grader 자격증을 만들고 커핑 폼cupping form*도 주로 디펙트를 발견하는 것에 초점을 맞춰 제작했지만, 최근에는 스페셜티 커피를 평가할 때와 같은 커핑 폼을 활용해 커피가 지닌 장점을 찾는 방향으로 개선되고 있다. 실제로 높아진 로부스타의 평균 커핑 점수가 전체적인 커피품질이 상승했다는 평을 뒷받침한다.

* 커핑 폼 : 커피샘플의 향미를 평가하는 도구이지 품질 평가의 기준이 되는 양식.

가공 방식

COFFEE CULTIVATION

가공 방식별 특징

커피 체리를 가공하는 과정은 커피향미를 결정하는 데 큰 영향을 끼친다. 같은 커피 체리라도 어떻게 가공하느냐에 따라 향미가 확연히 달라지는 것은 물론이고, 가공 과정에 문제가 생기면 향미에 치명적인 결함을 일으켜 커피 전체를 버리게 되는 끔찍한 상황이 발생하기 때문이다. 커피품종과 마찬가지로 가공 방식도 종류별로 일반적인 특징을 구분할 수 있지만, 여러 가지 요인에 의해 다소 차이가 있을 수 있다.

내추럴 프로세스

커피체리를 넓은 바닥인 파티오patio에 그대로 말리거나 아프리칸 베드African bed* 에서 말린 후 탈곡하는 방식이다. 때로는 기계에서 바로 건조하기도 한다. 균일한 품질을 보장하기 어려운 방식이지만 내추럴 프로세스를 거친 커피는 과일향과 꽃향기가 강하고 바디가 좋다.

워시드 프로세스

커피체리의 과육과 껍질을 분리하는 펄핑pulping 작업 후 물이 담긴 발효 탱크에 넣어 파치먼트에 남아 있는 끈적한 점액질을 자연 발효시키거나 기계로 제거한 다

---

* 아프리칸 베드 : 나무로 된 틀에 그물망을 끼워 만든 건조대로, 통풍이 원활하고 작업물이 흙으로부터 오염되는 것을 막을 수 있다. 건조 작업이 균일하고 빠르게 이루어지는 장점이 있는 반면, 파티오에 비해 단위 면적당 작업량이 적다는 것이 단점이다.

음 건조하는 방식이다. 내추럴 프로세스를 거친 커피에 비해 균일한 품질을 유지할 수 있으며, 산미와 클린컵이 돋보인다.

펄프드 내추럴pulped natural / 허니 프로세스

펄핑 작업 후 파치먼트를 점액질이 남아 있는 상태로 건조하는 방식이다. 지역별로 허니나 세미 워시드semi-washed 프로세스라고도 불린다. 특히 허니 프로세스는 과육을 남기는 비율과 건조 방식에 따라 화이트white, 옐로우yellow, 레드red, 블랙black 등으로 단계를 나누기도 한다. 이러한 방식으로 가공된 커피는 단맛이 두드러진다.

길링바사giling basah / 헐링wet hulling 프로세스

인도네시아의 전통적인 가공 방식이다. 커피체리의 껍질과 과육을 벗겨 자루에 담아 일정 기간 동안 묵힌 다음 물로 씻어 유통업자에게 넘기고, 이후 수분을 머금은 상태로 파치먼트를 탈곡해 건조한다. 스파이시spicy 계열의 독특한 향과 묵직한 바디가 특징이다.

커피체리를 말리는 아프리칸 베드

가공 방식 트렌드

최근 산지에서는 커피향미의 품질을 높이고 차별화된 개성을 부여하기 위해 여러 가공 방식을 끊임없이 시도하고 있다. 주로 널리 알려진 가공 방식을 토대로 펄핑 시기와 건식, 습식으로 나누는 발효법, 발효 시간, 건조 방법과 장소 및 시간 등에 조금씩 변화를 주며 새로운 방식을 개발하는 경우가 많다. 농장에서 사용하는 기계에 따라서도 가공 방식에 차이가 발생하는데, 커피체리의 껍질과 과육을 벗겨내는 정도를 조절하는 에코 펄퍼eco pulper를 도입하여, 물을 사용하는 발효 과정을 없앤 코스타리카의 허니 프로세스가 대표적이다.

알마 네그라alma negra, 펠라 네그라perla negra 프로세스

지금은 많이 알려진 가공 방식으로 커피체리를 일정 기간 비닐 백에 넣어 그늘에 두고 수분을 유지하며 천천히 건조하는 방식이다. 두 방식은 건조 기간이나 장소에 따라 약간의 차이가 있으며, 여기서 더 발전해 건포도raisin의 향미와 생김새를 닮은 레이즌 프로세스도 있다.

▫ 알마 네그라

비닐 백에서 커피체리를 꺼내 파티오에 놓고 커피체리를 두껍게 쌓거나 위에 비닐을 덮어서 단기간 숙성시키며 건조하는 방식이다. 커피체리의 과육이 과발효되는 것을 방지하고자 중간에 커피체리를 한 번 씩 뒤집기도 한다.

▫ 펠라 네그라

비닐 백에서 커피체리를 꺼내 약간의 수분이 남아 있을 때까지 아프리칸 베드에서 말린 후 통풍 시설을 갖춘 창고에 넣어 저온 숙성시킨다. 과발효될 수도 있기 때문에 자주 커피체리의 온도를 체크하며 숙성 상태를 확인한다.

프리저freezer 프로세스

커피체리를 한 번 얼렸다가 녹여서 가공하는 방식이다.

무산소anaerobic 프로세스

펄핑한 파치먼트에 다른 커피체리의 점액질을 섞어 통에 담아 밀봉하고 발효시킨 다음 다시 꺼내 건조하는 방식이다.

이외에도 커피체리의 과육을 말려 만든 카스카라cascara 티를 우린 물이나 효모를 넣은 물에 파치먼트를 발효시키는 등 다양하고 독특한 가공 방식이 속속 나오고 있다. 하지만 아직 실험 단계에 있는 것이 많아 이들이 상용될지는 앞으로 몇 년 은 더 지켜봐야 한다.

커피체리의 과육과 껍질을 분리하는 펄핑 과정

향미 개선을 위한
커피산지의 노력

커피품종과 가공 방식 연구

지금까지의 커피품종 개량 연구는 향미를 다양화하는 것보다, 커피체리의 재배와 수확이 용이하고 병충해에 강한 품종을 만들어 생산성을 향상시키는 것에 초점이 맞춰져 있었다. 이에 산지에서는 커피의 다채로운 향미를 끌어내기 위해 가공 방식에 변화를 꾀하거나 기계 설비를 업그레이드하는 등 여러 시도를 거듭하며 품종의 한계를 극복하고 있다.

과학적인 분석과 접근

일부 농장에서는 커피향미의 품질을 향상시키기 위해 체계적이고 과학적인 분석을 토대로 새로운 재배 방식과 가공 방식을 시도하고 있다. 한 예로 과테말라의 산타 펠리사Santa Felisa 농장에서는 가공 방식별로 모든 커피의 브릭스brix*를 측정해 기록해둔다. 게다가 같은 워시드 프로세스도 발효 시간을 여섯 시간 단위로 차이를 두거나 두 번 발효시키는 더블 속double soak 과정을 거치는 등 여러 방식의 워시드 프로세스를 시도해 각각의 브릭스를 측정한다. 이러한 과정을 가공 방식뿐 아니라 품종에도 적용해 그 결과를 전부 기록으로 남기며, 심지어 품종별로 비료의 양과 질을 달리해 향미에 미치는 차이를 분석하기도 한다.

---

* 브릭스 : 당도를 측정하는 단위.

물론 이렇게 모든 가능성을 실험하여 데이터를 구축하고 분석하는 농장은 흔하지 않다. 이를 위해서는 농경학에 대한 전문 지식이 필요하고, 자본도 많이 투자해야 하기 때문이다. 예로 든 과테말라의 농장만큼은 아니지만 산지 곳곳에서는 각자 감당할 수 있는 수준에서 품질 향상을 위해 수많은 시도를 하고 있으며, 이러한 산지의 인식 변화가 전보다 더 진지하게 이뤄지고 있다는 것만은 분명하다.

마이크로 랏micro lot, 생두 커스터마이징customizing

불과 몇 년 전까지만 해도 크게는 대륙별로, 작게는 국가별로 커피의 특징을 구분하곤 했지만, 갈수록 그 기준이 점점 모호해지고 있다. 한 국가 내에서도 특정 지역에서만 나타나는 소기후가 있어 해당 지역만의 향미 특징을 띠는 곳이 많아졌고, 다른 국가여도 국경을 맞대고 있거나 재배 고도와 토양 상태가 유사하고 커피품종, 가공 방식마저 같으면 비슷한 향미를 지닌 생두가 생산되기도 한다. 심지어 같은 농장에서도 고도에 따라 다른 품종을 심거나 다양한 가공 방식을 시도하는경우가 늘고 있는데, 바로 여기서 마이크로 랏이 등장했다.

마이크로 랏

마이크로 랏은 농장을 여러 구획으로 구분해 경작하는 방식이자, 그렇게 생산된생두를 일컫는 말이다. 마이크로 랏은 같은 농장에서 재배된 생두를 한데 섞어 출하하는 일반적인 방식에서 벗어나 농장 내에 경계를 나눠 구역별로 체계적인 관리시스템을 도입하고 따로 포장하기 때문에 품질의 균일성을 유지할 수 있다는 장점이 있다. 커핑 점수만 봐도 마이크로 랏은 확연한 차이를 보인다. 특히 스페셜티 커피업계에서는 좋은 품질의 생두를 얻을 수 있고, 그만큼 합리적인 가격에 거래되기 때문에 생산자와 소비자 모두에게 인기가 좋은 재배 방식으로 주목받고 있다.

CHECK LIST	마이크로 랏을 위한 노력
	• 같은 농장 내에서도 기후와 토양 조건이 좋은 곳을 선택
	• 마이크로 랏 주변에 셰이드 트리 심기
	• 향미가 우수한 품종 재배
	• 해당 구역을 관리하는 전문 인부 고용

생두 커스터마이징

최근 다이렉트 트레이드direct trade를 하는 생산자와 소비자가 많아지면서, 기존의 마이크로 랏에서 한 단계 더 발전한 모습의 생두 커스터마이징이 눈에 띄기 시작했다. 이전에는 생산자가 임의로 마이크로 랏의 위치나 경작법, 가공 방식 등을 결정해 판매하는 형식이 주를 이뤘다면, 이제는 재배 초기부터 소비자의 의견을 반영해 맞춤형으로 생두를 생산하는 커스터마이징이 늘어난 것이다. 이는 대부분 기존에 거래 경험이 있는 소비자와 생산자가 함께 진행하는 형태이며, 부대 비용이 많이 드는 편이지만 확실한 물량이 보장되기 때문에 매년 안정적으로 거래할 수 있는 교두보가 확보되어 장기적인 관점에서는 생산자와 소비자 모두에게 큰 도움이 된다.

생두 디펙트가
향미에 미치는 영향

생두는 재배, 수확, 가공, 운송, 보관하는 전 과정에서 향미 결함이 발생하는 경우가 종종 있는데, 이를 디펙트 혹은 결점두라 한다. 특히 커피체리를 가공하는 과정은 여러 단계에 걸쳐 다채로운 시도를 하는 만큼 커피체리에 가하는 물리적, 화학적 작용이 디펙트로 이어지는 경우가 많다.

디펙트는 종류에 따라 커피향미에 영향을 끼치는 정도가 다르지만, 단 하나의 디펙트만으로도 커피 전체가 불쾌한 향미를 낼 수 있다. 일정량의 생두에 포함된 디펙트의 비율로 커피등급을 나누는 것도 이러한 이유에서고, 디펙트로 인한 품질 저하로 판단되면 생두 가격도 큰 폭으로 하락한다. 커핑에서도 디펙트가 발견된 컵은 디펙트 점수를 따로 계산해 최종 점수에서 제한다.

재배 및 가공 과정에서의 디펙트

해충에 의한 피해

커피나무가 곰팡이에 의해 커피녹병*에 걸리거나, 커피열매 천공충*이 커피체리와 생두를 갉아 먹는 경우가 있다. 이로 인해 커피산지에서는 한 해 농사를 전부 망칠 만큼 치명적인 상황이 발생하기도 한다.

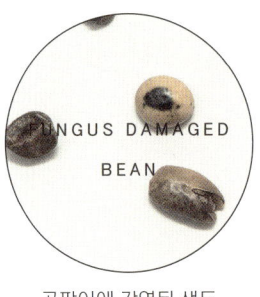

곰팡이에 감염된 생두

벌레 먹은 생두

임매추어immature, 언라이프 빈unripe bean

충분히 익지 않은 커피체리로 가공한 생두.

플로터 빈floater bean

커피체리가 발효 과정에서 썩거나, 건조 과정에서 지나치게 건조되어 물에 뜰 정도로 가벼워진 생두.

* 커피녹병 : 로야(Roya)라고도 불리는 커피녹병은 곰팡이 균의 공격을 받아 커피나무가 잎이 누렇게 변색되면서 말라죽는 병이다.

* 커피열매 천공충 : 커피체리에 서식하며 알을 낳는 벌레.

브로큰 빈broken bean

지나치게 건조되거나 오래 보관한 파치먼트를 탈곡하는 과정에서 깨진 생두 조각.

BROKEN BEAN

블랙black, 풀 블랙 빈full black bean

썩은 생두로, 전체가 썩은 것은 풀 블랙이라고 한다. 이는 커핑 시 매우 부정적인 향미가 나타난다.

BLACK, FULL BLACK BEAN

오버 퍼먼티드 빈over fermented bean

발효나 건조 과정에서 커피체리의 과육이 과발효된 생두로, 향미에 큰 영향을 끼치는 요소지만 목적성을 가지고 의도적으로 과발효 과정을 시도하는 농장이 있을 만큼 커피업계에서는 과발효에 대한 의견이 분분하다.

OVER FERMENTED BEAN

과발효에 대한 의견 차이

과발효된 생두는 커핑에 참여한 커퍼들 사이에서도 디펙트냐 아니냐에 대한 의견이 갈리곤 한다. CoE와 같은 생두 대회 심사에서 어떤 커퍼는 과발효된 커피샘플을 놓고 아주 잘 익은 과육의 단맛이라 평가하며 높은 점수를 주는 반면, 또 다른 커퍼는 심한 결점이 있는 디펙트라 평가하며 낮은 점수를 주기도 한다. 이는 커핑 참가자들 간의 서로 다른 문화와 개인적 기호 차이에서 비롯되는 대표적인 논쟁거리로, 그 맛에 익숙한 사람과 그렇지 않은 사람 사이의 선호도는 분명하게 나뉜다.

한국 커피Hankook Coffee의

양한나 대표가 말하는 과발효

커핑 경력이 풍부하고, 그만큼 과발효된 커피에 대한 경험이 많은
커퍼는 과발효된 커피와 정상 발효된 커피가 지닌 향과 맛의 차이를
명확하게 구분한다. 과발효된 커피는 과일향과 비슷한 단 향에 현혹
되어 맛도 달다고 착각하기 쉬운데, 실제로는 발효 시간이 길어지면
미생물에 의해 당 성분이 많이 사라진다. 결과적으로 단맛 자체는
정상 발효된 커피가 더 좋다고 할 수 있다. 다만 과발효의 뉘앙스인
과일향이 느껴지면서 동시에 단맛도 함께 전달되면, 이는 해당 커피
샘플의 향미 특징이라 판단하여 과발효된 커피로 구분하지 않는다.

PART

04.

GREEN BEAN

BUYING

생두 구매

생두 구매를 위한
커피산지 방문

생두를 구매하는 가장 직접적인 방법은 커피산지를 방문하는 것이다. 한국
에서는 비행기를 여러 번 갈아타야 산지에 도착할 만큼 물리적인 거리가 멀
고, 현지 치안이 좋지 않은 경우도 많아 산지 방문에는 항상 수많은 리스크
가 따른다. 하지만 스페셜티 커피 트렌드의 영향으로 커피생산 과정에 관심
이 증폭되면서 산지의 농장들과 다이렉트 트레이드를 하는 로스터리가 부
쩍 늘었다.

사실 과거와 달리 지금은 고품질 커피에 대한 소비자들의 높아진 수요에 발
맞춰 생두 회사들도 다양한 생두 리스트를 갖추고 있고, 누구나 인터넷을 통
해 생두 경매에 참여할 수 있는 등 직접 산지에 가지 않아도 여러 경로를 통
해 좋은 품질의 생두를 구할 수 있다. 그런데도 산지를 찾는 이유는 로스터
나 바리스타가 생두의 재배 및 가공 과정을 눈으로 살피며 그동안 품어 왔던
커피에 관한 궁금증을 해소하고 생산자에게 정당한 대가를 지불하고자 하
는 노력의 일환이기도 하다.

그린빈 바이어의 역할

다이렉트 트레이드가 증가하고 전 세계 커피시장의 교류가 활발해지면서 주목받기 시작한 분야가 바로 그린빈 바잉green bean buying이다. 그린빈 바잉을 담당하는 그린빈 바이어는 단어 그대로 생두를 사는 사람을 일컫는데, 최근에는 그 의미가 확대되어 산지와 소비국 사이에서 소통을 주도하며 상호간의 지속적인 관계를 유지하는 데 핵심적인 역할을 하고 있다.

이전에는 뛰어난 커핑 실력을 바탕으로 단순히 맛있고 좋은 생두를 사오는 것이 그린빈 바이어의 주 업무였다면, 이제는 생산자와 장기적이고 긴밀한 관계를 맺기 위해 구매 전반에 걸쳐 계획을 세우고, 거래 이후에도 꾸준한 피드백을 주고받는 것으로까지 영역이 확장되었다.

또한 그린빈 바이어라면 소비국의 의견을 대변하는 동시에, 올해 산지의 기후는 어땠는지, 생두 보관 창고의 습도가 높진 않았는지 등 산지에서 일어나는 일의 정보를 명확히 파악하여 생산자의 입장을 소비자가 이해하기 쉽게 전달할 수 있어야 한다.

커피산지 및 농장 선택 기준

농장 정보 파악

그린빈 바이어는 사전에 수많은 정보를 조사하고 수집해 산지 방문을 계획한다. 이때는 산지 사정에 밝은 수출업자exporter의 도움을 받기도 하고, 주변 그린빈 바이어들의 추천을 받거나 생두 대회와 같이 각국의 커퍼들과 만나는 자리에서 정보를 얻어 방문할 농장을 선택한다.

그린빈 바이어는 산지를 방문하면 커핑을 통해 해당 농장에서 제공한 커피샘플의 향미를 평가한다. 이후 생두의 거래 가격과 물량을 가늠해보는데, 대형 생두 회사의 경우 대량 거래를 고려해 구매 가능한 물량을 정확히 파악하는 것이 필수다. 이와 더불어 생두를 구매한 이후에도 같은 생두를 안정적으로 수급할 수 있는지 잘 따져 보아야 한다.

또한 그린빈 바이어는 생두의 품질과 함께 커피체리의 수확 과정, 토양 상태, 가공 시설 등 복합적인 요소를 두루 살핀다.

생두의 사용 목적에 따른 구매

구매 당시 소비자에게 필요한 생두가 무엇인지도 거래 농장을 선택하는 주요한 기준이 되는데, 보통 그린빈 바이어는 블랜드에 사용할 생두인지, 싱글 오리진으로 사용할 생두인지 등 쓰임새를 고려해 구매 계획을 세우고 그에 맞춰 거래를 진행한다.

때로는 새로운 품종이나 가공 방식에 주목하여 과감히 구매를 결정하고 현재 보유한 생두 리스트를 더욱 풍성하게 만들기도 한다. 사실 그린빈 바이어의 입장에서는 품질이 보장되지 않은 생두를 구매한다는 것이 일종의 모험이지만, 추후 생산자들이 커피의 품질 향상을 위해 더 투자하고 발전할 수 있도록 용기를 북돋아 주는 일이 되기도 한다.

농장에서의
커핑 테이블

생두는 일 년에 한 번, 많아야 두 번 수확하는 농산물이다. 그렇기 때문에 커피산지에 가게 되면 최대한 많은 것을 꼼꼼히 따져보고, 그해 혹은 그다음 해의 작황을 가늠해야 한다.

그린빈 바이어는 산지를 방문한 시기별로 주의 깊게 보는 부분이 다른데, 주로 커피체리의 수확 시기를 기점으로 산지 방문을 계획한다. 방문 일정에 맞춰 농장에서는 그린빈 바이어들이 원하는 조건의 생두를 준비하고, 그린빈 바이어들은 커핑을 통해 해당 커피샘플의 품질을 확인한다.

수확기 전

커피체리를 수확하기 직전에 산지를 찾는다면 그해 작황의 전반적인 흐름을 파악할 수 있다.

	수확기 전에 파악할 수 있는 사항
CHECK LIST	• 우기 때 강수량 • 건기 때 일조량 • 커피나무 한 그루당 열리는 대략적인 커피체리의 개수 • 트림trim* 여부 • 곰팡이나 커피녹병 등의 피해 정도

그린빈 바이어는 이를 꼼꼼히 점검해 농장의 올해 수확량과 커피 체리의 품질을 헤아리고 가격대를 예측해 생두의 구매 여부를 결정한다. 이 시기는 아직 수확이 시작되지 않아 커핑할 수 있는 커피샘플이 극히 제한적이므로 지난해의 커피샘플을 커핑하는 경우가 많다.

수확기

그린빈 바이어들은 대부분 커피체리를 수확하는 시기에 맞춰 산지를 방문한다. 이때는 커피체리의 수확부터 펄핑, 건조, 발효, 세척 등에 이르는 가공의 전 과정을 살펴볼 수 있어 각 단계가 커피향미에 어떤 영향을 미치는지 알고, 해당 농장의 가공 시설을 통해 품질관리 상태도 면밀히 파악할 수 있기 때문이다.

또한 가공을 마친 커피샘플을 커핑해 올해 구입할 생두를 그 자리에서 바로 결정할 수도 있다. 다만 같은 수확기여도 수확 초반과 중반, 후반에 시기별로 파악할 수 있는 내용이 조금씩 다를 수 있다.

---

* 트림 : 커피나무가 너무 높이 자라면 열매를 맺는 데 충분한 영양을 공급하지 못하므로 이를 염려해 미리 가지치기하는 것을 말한다.

수확 시기별 커핑		
초기	중기	후기
수확을 이제 막 시작한 단계라 커피샘플이 많이 준비되어 있지 않고, 갓 수확한 커피샘플을 커핑해야 하기 때문에 본연의 향미가 잘 드러나지 않아 특징을 파악하기 어렵다.	커핑할 수 있는 커피샘플의 양이 적당하고 갓 수확한 커피샘플에 비해 비교적 향미 특징을 파악하기가 수월하다. 생두 거래가 성사되면 이때 수확한 커피샘플을 선적해 보내는 경우가 많다.	수확 후반부로 갈수록 커핑할 수 있는 커피샘플의 양이 많은 대신, 이미 거래가 확정된 커피샘플도 있어 선택의 폭이 줄어든다. 이 시기에는 당해 거래보다 다음해 혹은 훗날의 거래를 위해 농장의 수확과 가공이 어떻게 이뤄지는지 살피고 커피샘플을 커핑해 발전 가능성을 관찰하려는 그린빈 바이어들이 많이 방문한다.

커핑 테이블 구성

샘플 로스터와 커핑 룸cupping room을 갖춘 농장이라면 그 자리에서 바로 커피샘플을 커핑할 수 있지만, 그렇지 않은 경우에는 해당 국가의 커피협회나 협동조합 등 커핑 시설이 있는 다른 공간을 빌려 커핑하기도 한다.

브라질과 같이 수확량이 많은 나라나 대규모 농장을 제외하고는 커핑 테이블에 올라오는 커피샘플의 양이 그리 많지 않고, 보통은 품질의 균일성을 파악하기 위해 커피샘플 하나당 두세 컵 정도 준비한다.

커핑에 참가한 그린빈 바이어와 수출업자, 생산자들은 공용화된 커핑 언어로 소통한다. SCA나 CoE 커핑 폼을 사용해 평가 기준을 정하는 경우가 많지만 자체적인 폼을 제작하거나 이마저 여의치 않으면 빈 종이에 가볍게 메모하며 서로 의견을 나누기도 한다.

다양한
다이렉트
트레이드 방식

좋은 품질의 생두를 얻기 위해서는 산지를 직접 방문하는 것이 좋지만, 다이렉트 트레이드에는 상당한 비용과 시간이 들고 무역 관련 전문 지식도 필요하기 때문에 소규모 로스터리가 진행하기에는 다소 위험 부담이 있다. 하지만 이를 감수하고도 다이렉트 트레이드를 원한다면 다른 로스터리와 협력하거나 현지 물정을 잘 알고 네트워크가 탄탄한 수출업자, 혹은 무역업자의 도움을 받는 방법이 있으며, 생두 경매에 참가하는 방법도 있다.

바잉 그룹^{buying group}

바잉 그룹을 형성하는 것은 다이렉트 트레이드를 원하는 로스터리들이 모여 생두를 구매하는 방법이다. 여러 곳이 함께하는 만큼 참가자들 사이에 합의가 충분히 이루어져야 가능하다. 무엇보다 각 참가사가 추구하고 선호하는 커피향미의 기준이 명확해야 하는데, 사전에 자주 커핑을 하며 소통이 원활히 이뤄지는지 파악하는 자리를 필수로 가져야 한다.

◦ 장점

다이렉트 트레이드에 소요되는 비용을 절약할 수 있다.

◦ 단점

사전에 합의했던 참가사 중 한 곳만 빠져도 전체 계획에 큰 차질이 생기며 그에 따른 비용 부담이 증가한다. 특히 스페셜티 커피는 한 백에 60~70kg 기준으로 50~100만 원 선에서 거래되는데 한 컨테이너에는 약 20t의 생두가 실린다. 생두 거래는 컨테이너 단위로 선적해 운송되기 때문에 한 컨테이너만 보더라도 참가사당 지출하는 가격이 적지 않은 액수임을 알 수 있다.

중개 거래

전문적으로 생두 중개 거래를 하는 수출업자를 사이에 두고 생산자는 수출업자에게 생두를 판매하고, 그린빈 바이어는 수출업자로부터 생두를 구입하는 방식이다. 주로 농장과 일대일로 다이렉트 트레이드를 하기 힘든 아프리카 생두를 구매할 때 이용하는 방식이기도 하다.

▫ 장점

• 구매 절차가 안정적이다.

• 그린빈 바이어가 힘들게 발품을 팔지 않아도 되고, 생두 선택의 폭도 넓다.

• 현지 사정에 정통한 수출업자 덕분에 생산자와의 가격 협상이 비교적 수월하다.

▫ 단점

• 중개 수수료가 추가되어 비용이 많이 드는 편이다.

• 무역 서류나 운송 과정에 문제가 생겼을 때 수출업자가 미흡하게 대처하는 경우가 종종 있다.

• 특정 업체에 그린빈 바이어들이 몰려 오히려 좋은 품질의 생두를 구매하기 어려운 경우가 발생하기도 한다.

생두 대회 및 경매

생두 경매는 한 국가 전체 또는 일부 지역에서 재배된 생두를 한 자리에서 만날 수 있는 기회다. 대표적인 생두 경매 프로그램인 CoE는 회원이거나 경매권을 구매하면 누구나 산지별 경매에 참여해 생두를 낙찰받을 수 있고, 소비국의 그린빈 바이어들도 일정한 자격을 갖춘다면 생두 심사부터 참가할 수 있다. 생산자들은 CoE에 입상하기 위해 일 년 동안 공들여 경작한 최고의 생두를 대회에 출품한다.

CoE

CoE는 ACE에서 주관하는 생두 대회이자 경매 프로그램으로 산지별로 돌아가며 개최된다. 3주에 걸쳐 진행되는 대회 기간 동안 다국적 심사위원으로 구성된 전문 커퍼와 큐그레이더들이 최소 5회 이상 생두를 심사하여 최상급 커피를 가려내며, 추후 상위권에 오른 커피들은 순위가 매겨지고 경매를 통해 판매된다.

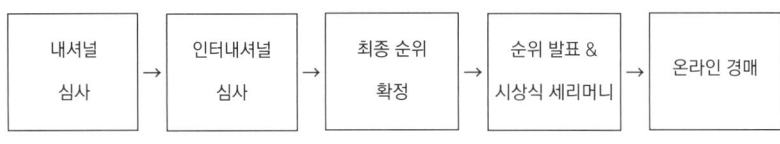

CoE 진행 과정

▫ 목적

CoE는 지속 가능한 커피생산을 보장하며 커피의 질적인 향상을 도모하고, 그린빈 바이어에게는 커피판매에 활용할 수 있는 마케팅 방안을 지원한다. CoE에서 1위를 한 농장은 상당히 높은 가격에 생두를 거래할 수 있을 뿐 아니라, 그해 최고의 커피라는 값진 명예도 얻게 된다.

CoE 커피는 약 15년간 지속해 온 시스템 덕분에 소비자들에게도 품질이 검증된 커피라는 인식이 존재한다. CoE를 처음 접하는 소비자에게도 눈으로 확연히 드러나는 등수로 이야기를 전달할 수 있어 그린빈 바이어나 카페 오너들이 적용할 수 있는 프로모션 방법도 다양하다.

다만 그린빈 바이어라면 CoE 커피를 구매하기 전에 이를 어떻게 활용할 것인지 미리 고민할 필요가 있다. 사용량을 예측하지 못한 채 단순히 좋은 커피라고 해서 구매했다가 비싼 커피를 몇 년 동안 묵히는 상황이 발생할 수도 있으니 주의해야 한다.

▫ CoE 심사

심사는 대회 기간 동안 크게 두 부문으로 나뉘어 진행된다. 우선 자국 출신인 내셔널 심사위원들이 CoE에 출품된 모든 생두를 여러 절차를 통해 평가하여 일부 가려내고, 이후 인터내셔널 심사위원들이 다시 수차례에 걸쳐 최종 심사를 진행한다. 그중 스페셜티 커피(CoE 기준 86점 이상) 기준에 맞고, 디펙트가 없는 커피샘플들이 순위에 오른다.

CUP OF EXCELLENCE COMPETITION	CoE 심사 과정
	내셔널 심사
	• 1라운드(프리 셀렉션pre-selection)
	출품된 모든 커피샘플을 내셔널 심사위원들이 커핑하고, 그중 86점 이상을 받은 최대 150개의 커피샘플이 다음 라운드로 진출한다.
	• 2라운드
	프리 셀렉션에서 올라온 커피샘플을 다시 커핑하여 86점 이상을 받은 최대 90개의 커피샘플을 걸러낸다.
	• 3라운드
	2라운드에서 걸러낸 커피샘플을 다시 커핑하여 86점이 넘는 최대 40개의 커피샘플만 인터내셔날 심사에 진출한다.
	인터내셔널 심사
	• 4라운드
	4라운드부터는 인터내셔널 심사가 진행되는데, 인터내셔널 심사위원들이 내셔널 심사에서 올라온 커피샘플을 심사한다.
	• 5라운드
	이전 라운드에서 86점 이상을 받은 40여 개의 커피샘플을 다시 커핑해 점수를 매겨 온라인 경매에 오를 커피샘플을 선별한다.
	• 6라운드
	최종 심사에서는 상위 10위에 오른 커피샘플을 다시 커핑해 최종 순위를 확정하고 점수를 매긴다.

내셔널 & 인터내셔널 심사위원의 역할

내셔널 심사위원은 CoE 개최국의 커퍼들로 구성되는 만큼 자국 커피에 대한 이해력이 높다. 반면 인터내셔널 심사는 다양한 국가의 심사위원들로 구성되는데, 향미에 있어서 국가별 선호도가 존재하고 그에 따른 평가 기준이 조금씩 다르다는 것을 인정하기 때문이다. 그런 점에서 90점 이상을 받은 커피는 국가나 개인의 선호와 상관없이 전반적인 품질이 좋다는 것이 증명되는 셈이다.

인터내셔널 심사에는 내셔널 심사위원들 가운데 선발된 두 명이 함께 참여한다. 이들은 생산자들에게 평가의 공정성을 보장하고, 추후 소비국의 입장을 생산자들에게 전달하는 창구 역할도 한다.

인터내셔널 심사위원의 자격 요건

▫ ACE 멤버

▫ CoE 심사 또는 옵서버observer* 활동 경험

▫ 커핑 스킬 : 큐그레이더 자격증과 커핑 경력은 물론이고, 평소 QC를 진행하는 방식, ACE에서 주최하는 커핑 코스 수강 이력 등 여러 항목을 평가한다. 소비자와 생산자의 생두 거래를 목적으로 진행되는 프로그램의 특성상, 심사위원들의 그린빈 바잉 능력과 경험도 중요하게 작용한다.

* 옵서버 : CoE 심사에는 참가하지만 옵서버의 평가 점수는 심사에 반영하지 않는다.

칼리브레이션calibration 과정

5일간의 인터내셔널 심사 중 첫째 날은 본격적인 CoE 심사에 앞서 심사위원들 간의 칼리브레이션이 이루어지는 시간이다. 커핑에서 칼리브레이션이란 커핑 언어를 통일하고, 향미를 객관적으로 표현할 수 있도록 여러 사람의 평가 기준을 하나로 조정하는 작업이다.

CoE에서는 보통 다섯 세션에 걸쳐 칼리브레이션을 진행하는데, 이때는 해당 국가의 향미 특징을 파악하며 헤드 저지head judge의 주도로 각자 다른 스코어링 기준을 맞춰간다. 기본적인 규칙이 있지만 헤드 저지의 성향에 따라 칼리브레이션의 세부 절차는 조금씩 다를 수 있다. 같은 커피샘플을 놓고 순서만 바꿔서 두 세션을 진행하거나, 점심 식사 후 일시적으로 변한 혀의 감각이 점수에 미치는 영향을 살피며 평가 기준을 조정한다.

인터내셔널 심사위원은 조건만 충족되면 누구나 지원할 수 있어 선발 대상의 폭이 너무 넓다는 지적이 종종 나오는데, 칼리브레이션이 심사위원들 스스로에게 자신의 커핑 실력에 대한 경각심과 책임감을 인지하도록 깨우쳐 주기도 한다.

CoE 평가 기준 정립

CoE에서는 칼리브레이션을 진행할 때, 점수를 인색하게 주거나 중간 점수대인 85점과 86점이 유독 많은 심사위원이 있다면 헤드 저지가 기준점을 올리도록 권고하는 편이다. 해당 커피샘플이 조금이라도 부족하다고 판단되면 아예 80점 이하의 점수를 매겨 떨어뜨리거나, 반대로 좋은 향미를 지녔다는 생각이 들면 확실하게 높은 점수를 부여하라는 의도에서다. 인터내셔널 심사까지 올라온 커피샘플은 이미 여러 번의 내셔널 심사를 통해 검증된 것이므로 좋은 점수를 받아 마땅하기 때문이다.

최근 CoE 시스템이 다양한 변화를 시도한 이유도 이 때문이다. 2016년 ACE는 CoE 기본 점수와 파운드당 생두 가격을 상향 조정하고, 86점 미만의 내셔널 커피도 경매에서 구매할 수 있도록 했는데, 이는 품질이 좋은 커피에 합당한 가치를 부여하기 위해서다.

▫ 순위 발표 & 시상식 세리머니 : 인터내셔널 심사의 마지막 날에는 우승 농장을 발표하는 시상식이 열린다. CoE에 참가한 생산자, 그린빈 바이어, 커퍼들이 한 자리에 모여 서로 이야기를 나누며 친목을 다지고 새로운 거래의 물꼬를 트기도 한다.

▫ 온라인 경매 : 1위를 포함한 최종 순위가 발표되고 나면, ACE 회원들은 온라인 경매 전에 순위권 내의 커피샘플을 미리 받아볼 수 있다. 그린빈 바이어들은 커핑을 통해 마음에 드는 커피를 찾고, 우선순위를 정해 경매에 참여한다. 상위권에 랭크된 커피를 구매하는 것이 목적일 수도 있지만, 본인 기준에서 맛있는 커피가 최우선이 되는 경우도 많다.

기타 생두 대회

CoE가 가장 대표적인 생두 대회이자 경매 프로그램이지만, 그 외 여러 산지에서 자체적인 생두 대회와 경매를 진행하기도 한다. 대표적으로 파나마에서 개최되는 베스트 오브 파나마Best of Panama와 아시엔다 라 에스메랄다Hacienda La Esmeralda 농장에서 게이샤 품종의 커피만 가지고 진행하는 에스메랄다 스페셜 옥션Esmeralda Special Auction이 있으며, 콜롬비아에서는 카우카 베스트 컵Cauca Best Cup, 안티오키아 베스트 컵Antioquia Best Cup, 우일라 베스트 컵Huila Best Cup 등 여러 생두 대회를 개최한다.

최근에는 2015 월드바리스타챔피언 사사 세스틱Sasa Sestic이 운영하는 '프로젝트 오리진Project Origin'이라는 산지 네트워크 프로그램에서 베스트 오브 옥션Best of Auction을 새롭게 출범시키기도 했다.

소비국으로
생두를 들여오는 과정

생두 운송 과정

거래가 확정된 생두는 가공소에서 포장한 후 소비국으로 이동할 수단에 따라 공항이나 항구 등의 장소로 운송된다. 산지에서 소비국으로 생두를 보낼 때는 대부분 경제적인 측면을 고려해 항공 대신 선박을 이용한다. 이때 가장 중요한 점은 산지혹은 소비국에서 커핑한 커피샘플이 최대한 물리적, 화학적인 변화 없이 소비국에 도착할 수 있도록 하는 것이다.

CHECK LIST	운송 과정에서 생두 품질을 유지하기 위한 노력
	• 생두를 그레인 프로GrainPro*에 담거나 진공 상태로 포장
	• 온도 조절이 가능한 컨테이너 사용
	• 선적 전 그린빈 바이어의 요청과 현지 상황에 따라 생두의 수분 함량 확인
	• 선적 시 컨테이너 위치
	① 운송 전 창고 밖에서 선적을 기다릴 때나 배로 운송하는 동안 생두가 실린 컨테이너가 최상단에 올라와 있다면 직사광선에 의해 컨테이너의 내부 온도가 지나치게 상승할 수 있어 주의해야 한다.
	② 컨테이너 주변에 화학제품이나 향이 강한 물품이 있으면 생두가 향 성분을 빨아들일 여지가 있으므로 경계해야 한다.

* 그레인 프로 : 곡물 포장용 비닐 백으로 외부로부터 유해 물질을 차단하며, 생두의 신선도를 장기간 유지하는 데 유리하다. 대부분의 스페셜티 커피는 그레인 프로에 담아 마 소재로 된 주트 백(jute bag)에 한 번 더 포장한다.

생두 운송 과정

농장 → 산지 내륙 운송 → 산지 항구

운송 ← 선적 ← 창고 보관

소비국 항구 → 하역 → 창고 보관

로스터리 / 생두 회사 ← 소비국 내륙 운송

무역 관련 주의 사항

산지에서 출발한 배가 소비국 항구에 도착하기까지는 보통 한 달 안팎이 소요된다. 때문에 수출업자와 구매자는 운송 기간에 따른 리스크에 대해 책임을 명확히 하고, 혹시 모를 사고를 위한 대비책을 마련해야 한다. 소비국(한국) 입장에서 알아야 할 무역 관련 지식은 다음과 같다.

▫ 인도 조건

매매 계약 체결 시 매도인과 매수인이 위험, 비용 등의 부담에 대해 책임지는 시점을 명확히 하기 위한 조건으로 다이렉트 트레이드에서는 보통 FOB Free On Board(본선 인도 조건), CIF Cost Insurance Freight(운임, 보험료 포함 인도 조건)가 가장 많이 사용된다.

▫ 결제

무역 거래에 해당하는 물품 대금을 지급하는 방식이다. 크게 은행을 통해 전신환으로 송금하는 방식, 환어음을 즉시 결제하거나 만기일에 맞춰 결제하는 신용장 방식, 수출업자가 물품을 선적한 후 은행을 통해 추심 결제하는 방식 등이 있다.

▫ 운송 및 통관

지정된 컨테이너가 해상 운송을 통해 국내 세관에 도착하면 하역 후 정식 수입 통관 전에 보세 창고에 적재된다. 이때 구매자는 통관 업무를 대행해주는 업체를 선정하고 관련 서류를 제출한 뒤 생두를 들여온다.

▫ 보관

경기, 인천, 부산 등에 위치한 창고 시설에 생두를 보관한다. 사전에 저장 공간, 온도 및 습도, 보관 비용 등을 상세하게 파악해야 한다.

운송 단계별 커핑

산지의 커피샘플을 커핑하고 구매를 결정한 후 실제 생두가 구매자에게 도착하기까지는 약 세 달 정도의 시간이 소요된다. 그동안 구매자의 요청에 따라 운송 단계별로 커피샘플을 받아 상태를 확인할 수 있는데, 주로 생두를 배에 선적하기 전후나 소비국 항구에 도착한 직후의 커피샘플을 커핑한다. 이는 운송 중에 생두의 품질이 잘 유지되고 있는지를 꼼꼼히 확인하기 위한 과정인데, 때에 따라 확인 절차가 축소되기도, 추가되기도 한다.

사실 처음 커핑한 커피샘플과 구매자에게 도착한 최종 커피샘플의 향미는 똑같지 않다. 생두는 다른 농산물과 마찬가지로 시간이 흐르면서 물리적, 화학적 변화가 일어나기 때문이다. 일반적으로 생두는 수확 후 적당한 휴지기를 거쳐야 커핑 시 안정적인 향미를 느낄 수 있다. 산지의 커피샘플은 운송 과정과 소비국에서의 보관 기간을 고려해 가장 신선한 상태에서 커핑하는데, 이때 강렬한 향미에 반하거나 반대로 신선해서 느껴지는 떫은맛을 디펙트로 오인하는 경우가 종종 있다.

향미의 변화를 예측하는 방법

생두 거래에 관여한 그린빈 바이어는 무엇보다 생두가 산지에서 소비국으로 운송되는 동안 향미가 변화하는 흐름을 예측하는 능력이 필요하다. 하지만 안타깝게도 처음 커핑한 커피샘플의 향미가 나중에 어떻게 바뀔지를 판단하는 기준은 개인의 커핑 경험에 의존할 수밖에 없다.

이를 바탕으로 해당 커피샘플과 기존에 구입했던 같은 종류의 생두간의 유사성을 비교하거나, 운송 단계별로 커피샘플을 커핑하며 예상했던 향미의 범주를 벗어나지 않는지 계속 확인한다. 물리적으로는 수분 함량의 변화가 기준이 될 수도 있지만, 아직 시스템이나 기계가 제대로 갖춰진 곳이 많지 않아 확실하게 단정하기는 어렵다.

생산자와의
소통 방법

커피산지에서 진행하는 생두 커핑은 생두의 구매 여부를 결정짓는 것과 더불어, 장기적인 관점에서 생산자와 소비자가 함께 성장하기 위한 피드백을 주고받는 자리로 활용되기도 한다.

이때 그린빈 바이어는 단순히 커핑 테이블에 맛있는 커피샘플이 올라와 있는지만 따지지 않는다. 산지에서의 커핑은 커피향미를 꼼꼼히 확인하는 과정이자, 다음 해, 그다음 해까지 해당 커피샘플의 품질을 꾸준히 유지할 수 있는지를 고려하여 생산자의 실력과 잠재력을 가늠하는 과정이다. 물론 생산자들도 그린빈 바이어가 제대로 된 커핑 능력을 갖추고 있는지 시험하기도 한다.

다음 해 경작을 위한 논의

생두 거래가 확정된 이후에는 생산자와 소비자가 함께 고통을 분담할 수 있는 관계를 유지하는 것도 중요하다. 커피 선물 시장의 가격이 지나치게 올랐을 때는 생산자가 가격을 적당히 조정해주기도 하고, 그린빈 바이어는 자연재해나 병충해로 인해 당해 커피품질이 하락되었다고 해서 바로 거래를 끊는 행동은 지양해야 한다. 양쪽 모두 동반자로서 시장에서 생존할 방법을 모색해 다음에도 거래를 이어갈 수 있는 지속 가능한 관계를 만드는 태도가 필요한 것이다.

종종 그린빈 바이어가 몇 년간 거래하며 신뢰를 쌓은 생산자에게 아프리칸 베드를 설치하거나 기타 생산 설비를 업그레이드하도록 권장하는 경우가 있다. 이는 균일하지 못한 커피품질을 향상시키는 데 가장 확실한 방법이지만, 그린빈 바이어들도 대규모 농장이 아닌 이상 한 해 농사로 먹고 사는 농장의 사정을 뻔히 알기에 강요하지는 못한다. 이러한 문제를 해결하기 위해 그린빈 바이어가 생산 설비를 지원하거나 생산자가 오랜 숙고 끝에 큰 결심으로 투자를 감행하는 경우도 있다. 이후 생산자는 투자한 만큼 더 좋은 품질의 생두를 생산하고, 그린빈 바이어도 품질이 향상된 만큼 더 많은 수요를 창출하여 합리적인 보상을 해야 한다.

생두 유통사를 통한
생두 구매

다이렉트 트레이드는 이점이 많지만 일반 로스터리에서 섣불리 시도하기
어려운 방식이다. 대부분의 로스터리는 생두 유통사를 통해 생두를 구매한
다. 생두 유통사는 크게 생두 수입과 국내 유통을 전문적으로 하는 생두 회
사와, 다이렉트 트레이드를 통해 대량으로 들여온 생두를 판매하는 중대형
로스터리로 나뉜다.

CHECK LIST	장점
	• 여러 생두 회사에서 취급하는 생두 리스트를 온라인으로 간단히 비교하여 원하는 생두를 고를 수 있다.
	• 생두가 필요할 때 언제든 구입할 수 있다.
	• 필요한 양만큼 소량 구매가 가능하다.
	• 다이렉트 트레이드에 드는 비용에 비해 저렴하게 생두를 구입할 수 있다.
	• 생두 회사는 대량으로 생두를 수입하기 때문에 비교적 안정적인 생두 수급이 가능하다.
	단점
	• 생두 회사에서 구비한 리스트 내에서만 생두를 구매할 수 있어 선택의 폭이 한정적이다.
	• 해당 생두의 전반적인 생산 및 보관 과정에 대한 깊이 있는 정보를 얻기 힘들다.
	• 동일한 생두를 주문해도 해당 농장의 같은 랏lot*에서 생산된 생두가 아닐 경우 기존에 사용하던 것과 뉘앙스 차이가 있을 수 있다.
	• 생두 회사가 갑자기 생두 판매를 중단하면 의지와 상관없이 원두 리스트를 변경해야 한다.

* 랏 : 농장의 구획 단위.

PART

05.

CUPPING &

ROASTING

커핑 & 로스팅

CUPPING

KNOW-HOW

ROASTING

샘 플
로 스 팅

생두를 구매한 다음 해야 할 일은 로스팅이다. 생두는 커피의 원재료일 뿐,
우리는 로스팅한 원두와 물로 커피성분을 추출해 테이스팅을 진행한다.
로스팅은 생두에 열을 가해 물리적, 화학적 변화를 일으켜 내재된 커피향미
를 끌어내는 작업으로, 커피의 캐릭터를 결정하는 중요한 과정이다. 일반적
으로 로스팅은 12~15분 정도의 시간이 소요되며, 200℃ 이상의 열을 필요
로 한다. 그 안에서 로스터는 생두의 투입량과 열량, 배기, 원두의 배출 시
기 등을 조절해 로스팅 프로파일을 구축한다. 로스팅에서 의도한 향미가 제
대로 표현되었는지 알기 위해서는 로스팅한 결과물을 놓고 커핑을 진행해
야 한다.
로스팅은 목적에 따라 샘플 로스팅과 프로덕션 로스팅production roasting 으로 나
뉜다. 보통 생두의 특성을 파악하여 구매 여부를 결정짓는 생두 커핑을 할
때 샘플 로스팅한 커피샘플로 사용한다. 이후 용도와 컨셉이 정해진 생두는
프로덕션 로스팅을 통해 최종 소비자에게 전달된다.

정의와 목적

생두를 상용할 목적이 아닌 생두 평가 자체에 초점을 맞춰 로스팅하는 것을 샘플 로스팅이라고 한다. 샘플 로스팅은 생두의 고유한 향미를 평가하기 위해 진행되는 만큼 로스팅으로 인해 발생하는 변수를 최대한 줄이고자 일정한 기준에 맞춰 로스팅 프로파일을 설정한다. 이때는 생두가 지닌 장단점만 파악할 수 있을 정도로 너무 약하거나 너무 강하지 않게 로스팅하며, 로스팅 과정에서 결함이 생겨 향미 평가에 영향을 주지 않도록 주의해야 한다.

커핑으로 생두 구매를 결정할 때 주로 샘플 로스팅을 하지만, 샘플 로스팅은 단어 그대로 본격적인 프로덕션 로스팅에 앞서 본보기로 로스팅하는 것을 의미하기도 한다.

기준

SCA에서는 커핑을 위한 준비 작업으로 샘플 로스팅의 기준을 아래와 같이 규정하고 있다.

① 원두의 색도를 구별하는 기준인 아그트론 넘버agtron number, #는 스페셜티 커피의 경우 63, 커머셜 커피의 경우 48에 맞춘다.

② 로스팅 시간은 8분에서 12분 사이로 한다.

③ 로스팅 디펙트인 스코칭scorching*이나 티핑tipping*이 없어야 한다.

④ 원두는 배출 후 바로 식혀야 한다. 단, 물을 뿌려서는 안 된다.

⑤ 식힌 후에는 원두를 밀폐 용기에 담아 서늘한 곳에 보관한다.

⑥ 로스팅한 지 최소 8시간 후에, 최대 24시간 안에 커핑을 진행한다.

ᴬ 스코칭 : 114페이지 참고.

* 티핑 : 115페이지 참고.

싸이펀 커피 랩Psyfun Coffee Lab의

샘플 로스팅

싸이펀 커피 랩은 샘플 로스팅을 할 때 로스터가 의도적으로 커피 향미를 변화시키지 않는다. 일종의 공식처럼 통용된 하나의 로스팅 프로파일을 만들어 모든 생두에 동일하게 적용하는데, 생두가 지닌 캐릭터를 드러낼 수 있는 최소한의 열량만 공급하여 로스팅을 진행한다.

로스팅 중에 일어나는 1차 크랙crack*부터 로스팅을 끝내는 시점까지의 구간인 디벨롭develop은 생두에 잠재된 향미가 발휘되는 중요한 구간으로, 싸이펀 커피 랩은 샘플 로스팅 시 이 구간에서 생두가 오버 디벨롭over-develop이나 언더 디벨롭under-develop이 되면 그대로 두어 일정한 틀 안에서 제 나름대로의 그래프를 형성하도록 한다. 맛있는 커피를 만들기 위한 로스팅이 아니기 때문에 웰 디벨롭well-develop 여부는 신경 쓰지 않는다.

커피산지에서 주로 사용하는 샘플 로스터 모습

* 1차 크랙 : 생두는 일정 온도에 다다르면 열에 의한 압력을 견디지 못하고 '팝' 하는 소리를 내며 표면이 갈라지는 현상이 발생하는데, 이를 1차 크랙이라 한다.

싸이펀 커피 랩의 샘플 로스팅 기준

- 로스터 : 후지로얄 커피 디스커버리Fuji Royal Coffee Discovery

- 생두 투입 온도 : 189℃

- 터닝 포인트turning point* : 약 57초 ~ 1분 5초

- 열량 조절 : 터닝 포인트 이후 열량을 160℃로 맞추고 로스팅을 진행하면, 생두의 크기와 밀도에 따라 조금씩 차이는 있지만 내부 온도가 대략 140~160℃가 되었을 때 옐로우yellow* 구간에 접어든다. 이때 120℃로 열량을 낮춰 로스팅을 진행하다 내부 온도가 175℃ 즈음일 때 열량을 80℃로 한 번 더 낮추면 대개 187℃ 즈음에 1차 크랙이 일어난다. 1차 크랙 후 1분 30~50초 정도 더 로스팅하다가 원두를 배출한다.

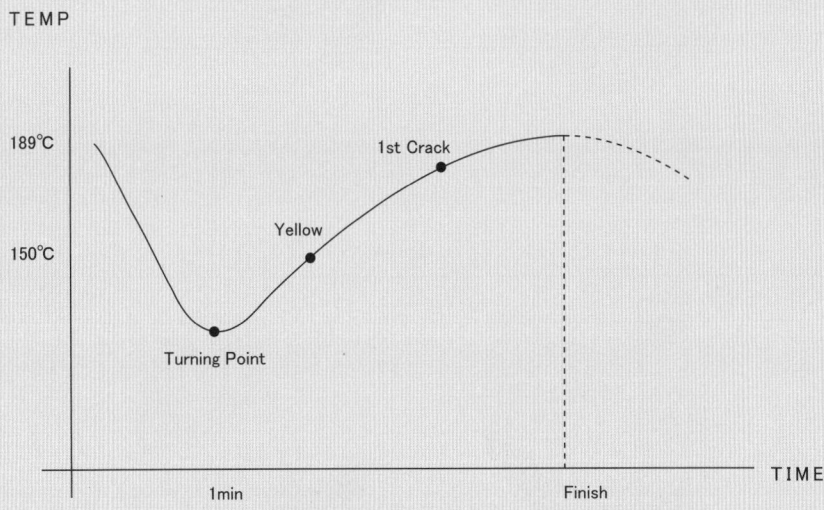

싸이펀 커피 랩의 샘플 로스팅 프로파일

* 터닝 포인드 : 예열한 로스디에 생두를 투입하면 드럼의 내부 온도가 생두 온도와 같이질 때까지 계속 떨어지다가 티닝 포인드를 지나면 서서히 상승하기 시작한다.

* 옐로우 : 터닝 포인트 이후 생두가 열을 흡수하면서 수분에 의한 열전도 현상으로 인해 표면이 밝은 연두색에서 노란색으로 변하는 과정.

샘플 로스팅 후 진행되는 커핑

샘플 로스팅한 결과물을 커핑할 때는 로스팅된 원두를 함께 놓고 커핑하는 경우가 많다. 원두의 로스팅 상태를 확인하는 것은 물론이고, 추후 프로덕션 로스팅에 활용할 것을 대비해 생두의 가공 방식이나 품종에 따라 로스팅에 어떤 물리적 변화가 있었는지 살피기 위해서다. 이후에는 향미 평가를 진행하고, 그 결과를 바탕으로 프로덕션 로스팅에 적용할 프로파일을 설계한다.

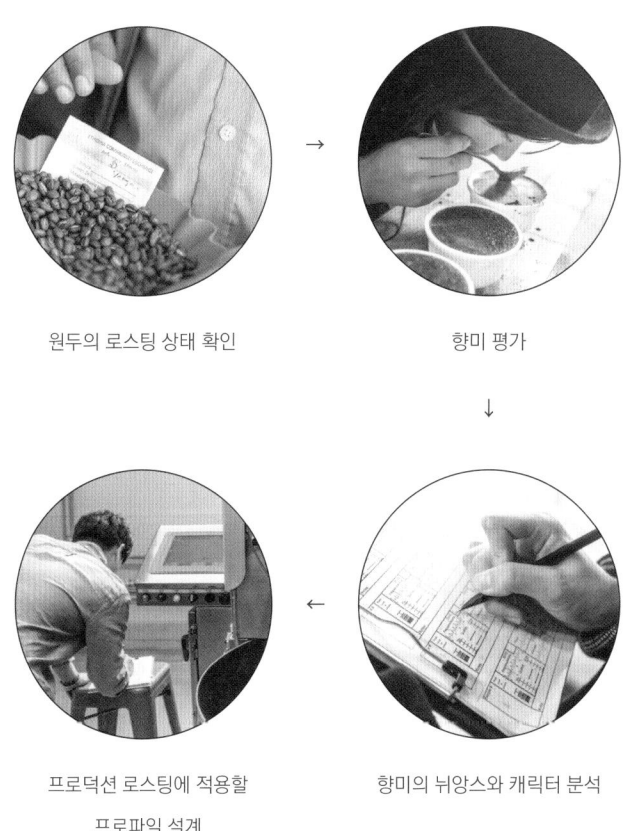

원두의 로스팅 상태 확인　　　　　　향미 평가

프로덕션 로스팅에 적용할　　　　　향미의 뉘앙스와 캐릭터 분석
프로파일 설계

집중적으로 관찰하는 향미

프로덕션 로스팅한 커피샘플을 커핑할 때는 향미를 비롯하여 마우스필처럼 입안에서 느껴지는 질감에도 집중할 수 있지만, 샘플 로스팅은 수확한 지 얼마 안 된 생두로 진행하는 경우가 많아 약간의 떫은맛이 느껴질 때가 있다. 그래서 이때는 선명한 향미를 찾아내는 데 집중하기보다 향미의 뉘앙스가 변하는 흐름을 집중적으로 관찰한다.

클린컵을 기준으로 설명하자면, 짧으면 20분, 길면 40분 넘게 진행되는 커핑 과정에서 후반부까지 클린컵이 지속되는지 아닌지를 살피는 것이다. 전체적인 향미의 뉘앙스는 나쁘지 않은데, 시간이 지날수록 클린컵이 떨어지는 것이 느껴진다면 생두 구매를 재고하고 이미 구매한 생두라면 최대한 빠른 시일 내에 소비하는 것이 좋다.*

또한 생두 커핑 당시 어떤 향미인지 정확히 파악하지는 못했지만, 부정적인 뉘앙스를 느꼈다면 해당 커피샘플 자체를 배제할지 혹은 로스팅에서 다른 방법을 시도해볼지 고민하는 자세가 필요하다.

샘플 로스팅의 결과를 프로덕션 로스팅에 반영하는 법

샘플 로스팅의 결과는 프로덕션 로스팅의 지표가 된다. 샘플 로스팅한 결과물을 기존에 사용하던 다른 원두의 로스팅 프로파일과 비교해 생두의 수분 함량과 밀도가 해당 원두와 비슷한지 아닌지를 확인하고 프로덕션 로스팅의 프로파일을 구축한다. 만약 로스팅이 처음이라면 대형 생두 회사의 가이드 로스팅이나 다른 로스터의 로스팅 프로파일을 참고하는 것을 추천한다.

로스팅 프로파일로 생두의 수분 함량과 밀도를 파악하는 법

로스팅 시 생두는 특정 온도가 되면 열을 흡수(흡열)하거나 방출(발열)하기 때문에 로스팅 구간마다 열량을 적절히 조절해야 한다. 터닝 포인트를 기점으로 생두는 본격적으로 열을 흡수하는 흡열 구간에 들어가는데, 이때부터 생두의 수분이

* 생두는 보관 기간이 길어지면 수분이 증발하여 로스팅 시 생두 내부에 열을 전달하는 수분 함량이 줄어들기 때문에 로스팅이 원활히 이뤄지지 않는다. 결과적으로 향미의 임팩트가 전보다 약해진다.

증발하기 시작하고 부피가 팽창하며 무게는 감소한다. 이후 생두는 메일라드 반응maillard reaction*과 캐러멜화caramelization*를 거치면서 화학적 변화를 일으키고 열을 방출하며 본연의 향미를 발현시킨다. 이러한 현상을 인지한 상태로 샘플 로스팅을 할 때 생두가 흡열 구간과 발열 구간에서 각각 어떻게 변하는지 관찰하면 생두의 수분 함량과 밀도를 가늠할 수 있고, 이를 바탕으로 프로덕션 로스팅의 프로파일을 구상할 수 있다.

▫ 생두의 수분 함량과 밀도가 낮을 때

생두가 로스터에 투입된 이후 흡열 구간에서 열을 빠르게 흡수하여 터닝 포인트에 들어서는 시간이 다른 로스팅 프로파일에 비해 단축되는 경우가 있다. 주로 생두의 수분 함량이 낮을 때 발생하는 현상으로, 이때는 로스팅이 끝날 때까지 생두의 수분을 잘 제어하는 것이 관건이다. 또한 생두의 수분 함량과 밀도가 낮은 경우에는 1차 크랙 이후에 로스팅이 빠르게 진행되어 오버 디벨롭이 될 가능성이 있으니 주의해야 한다.

▫ 생두의 수분 함량과 밀도가 높을 때

생두가 열분해를 통해 열을 방출하는 구간에서 다른 원두의 로스팅 프로파일과 비교해 온도 상승 폭이 크지 않으면 생두의 밀도와 수분 함량이 높은 편이라고 추측할 수 있다. 이 경우 메일라드 반응을 보일 때에 열량을 충분히 공급하여 1차 크랙 이후 이어지는 디벨롭 구간에서 생두의 캐릭터를 효과적으로 끌어내는 방향으로 프로파일을 설계하는 것이 좋다. 이 과정에서 향미가 잘 발현되면 바디와 애프터테이스트aftertaste가 좋은 커피를 완성할 수 있다.

위 방식은 정답이 아니라 로스팅 변수를 조절하는 하나의 예시일 뿐, 로스팅 후에는 항상 커핑을 통해 최종 향미를 평가하는 작업이 필요하다.
샘플 로스팅에서의 세심한 관찰을 토대로 생두의 상태에 맞춰 프로덕션 로스팅 프로파일을 구상하고, 그 결과물을 커핑했을 때 만약 언더 로스팅이나 오버 로스팅의 뉘앙스가 있다면 또 다른 변수를 바꿔보며 로스팅 프로파일을 완성한다.

* 메일라드 반응 : 146페이지 참고.
* 캐러멜화 : 146페이지 참고

커피 그래피티Coffee Graffiti의

로스팅 수율 측정법

커피 그래피티에서는 로스팅 QC를 진행하는 방법 중 하나로 생두
와 원두의 무게를 측정해 비교하기도 한다. 생두 투입량 대비 원두
배출량의 무게 감소폭을 통해 로스팅에서의 문제 발생 여부를 파악
하는 것이다.

기존과 같은 생두를 로스팅했을 때 무게 감소 폭이 오차 범위를 크
게 벗어난다면 로스팅이 예상보다 더 진행되어 수분이 많이 증발했
다고 볼 수 있고, 반대로 생두와 원두의 무게가 비슷하다면 로스팅
이 덜 진행되었다고 짐작할 수 있다.

이후 정확한 판단을 위해 원두의 색상을 측정하는 기계인 컬러 트랙
Color Track으로 원두의 겉과 속의 색도 차이를 보며 골고루 로스팅되
었는지 확인하고, 로스팅 프로파일도 분석해 어느 구간에서 온도 변
화가 급격히 일어났는지 등을 점검한다.

프로덕션 로스팅

정의와 목적

프로덕션 로스팅은 매장에서 커피추출을 위해 사용하는 원두는 물론, 소매 판매나 납품용으로 원두를 생산하는 것을 말한다. 프로덕션 로스팅은 샘플 로스팅을 통해 터득한 로스팅 프로파일을 바탕으로 진행하며, 상품으로서 가치를 지닐 수 있도록 균일한 품질을 유지하는 것이 관건이다.

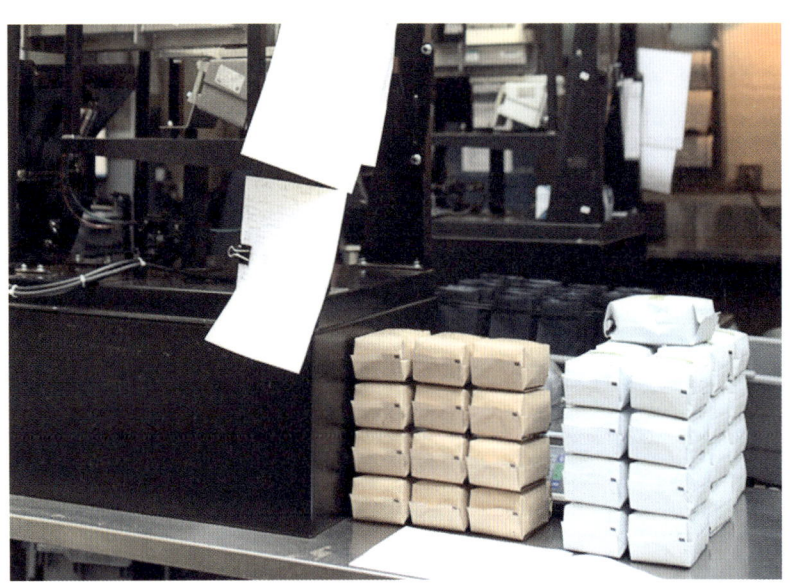

기준

프로덕션 로스팅은 커피의 캐릭터를 강조하기 위해 로스팅 과정에서 열량을 조절
하거나 댐퍼damper*로 배기의 흐름을 조정하는 등 로스팅 프로파일에 변화를 줄 수
있는 범위가 넓고, 그 기준도 생두별로 천차만별이다.

기본적으로 프로덕션 로스팅은 생두의 밀도, 크기와 같은 물리적 특성과 커핑으로
파악한 향미 특성을 고려하여 자신이 부각시키고자 하는 향미를 끌어낼 수 있어야
한다. 다만 로스팅은 새로운 향미를 만들어내는 과정이 아니라 향미의 강약을 조
절하는 과정이라는 사실을 인지해야 한다.

로스터는 생두가 지닌 장점을 끌어내기 위해 로스팅을 진행하는 경우가 많지만,
때때로 로스터 개인이 선호하는 맛이나 소비자의 기호를 반영하기도 한다.

---

* 댐퍼 : 로스팅 시 드럼에 유입되는 공기의 흐름과 열량을 제어하기 위해 배기관에 장착된 배기 장치.

싸이펀 커피 랩의

프로덕션 로스팅

싸이펀 커피 랩의 프로덕션 로스팅은 생두의 장점을 최대한 살리는 방향으로 진행하며, 주로 2차 크랙이 시작되기 직전에 로스팅을 끝내는 경우가 많다. 2차 크랙 이후로 넘어가면 생두가 열을 오래 받아 당 성분이 분해되고 상대적으로 쓴맛이 도드라지는데, 이때는 단맛과 쓴맛의 밸런스를 적절히 조절하기가 상당히 어렵기 때문이다.

가공 방식별 로스팅 프로파일 구축 과정

• 내추럴 프로세스

과육을 벗겨 가공하는 워시드 프로세스에 비해 커피체리를 그대로 말려 가공하는 내추럴 프로세스는 생두가 비교적 많은 당 성분을 함유하고 있다. 그래서 2차 크랙 직전에 로스팅을 끝내 단맛을 강조하고 풍부한 아로마aroma*를 구현하는데, 생두는 탄수화물carbohydrate이 분해되고 당이 쪼개지는 캐러멜화 구간을 지나면 단맛이 줄어들고 색이 짙어지며 향이 강해지기 때문이다.

• 워시드 프로세스

워시드 프로세스를 거친 생두는 깔끔한 산미가 돋보이면서 단맛이 부드럽게 표현되도록 열량을 과도하게 높이지 않는 쪽으로 로스팅 프로파일을 설계한다. 이를 위해 평균보다 조금 높은 온도에서 생두를 투입하여 생두 표면의 수분을 충분히 날린 후, 메일라드 반응이 시작되는 구간에서 열량을 조금 낮춰 아미노산amino acid과 당이 열에 의해 분해되어 유기 화합물이 형성되는 시간을 넉넉히 확보한다.

* 아로마 : 커피업계에서는 분쇄된 원두에 물을 부었을 때 나는 향을 말한다.

추출 방식별 로스팅 프로파일 구축 과정

• 에스프레소

에스프레소를 추출하려면 에스프레소 머신 내부에 생성된 9bar의 압력에 저항할 수 있는 요인이 필요한데, 원두의 밀도가 단단하거나 원두에 적당량의 가스가 포함돼 있으면 높은 압력에도 커피성분이 본연의 성질을 유지하는 힘이 생긴다. 로스팅할 때 낮은 온도에서 오래 로스팅을 진행하면Low Temperature, Long Time(LTLT) 열에 의해 반응하는 성분들이 더 활발한 화학 반응을 보이는데, 이때 이산화탄소, 즉 가스도 많이 형성된다.

• 브루잉 커피

브루잉은 1bar의 대기압을 이용해 커피를 추출하는 방식이라, 외부에서 가하는 압력 없이도 수용성 성분이 원활히 추출되도록 원두의 세포 조직을 다공성 구조로 만드는 데 로스팅의 주안점을 둔다. 이를 위해 높은 온도에서 짧게 로스팅을 진행하는데High Temperature, Short Time(HTST), 이러한 방식으로 로스팅하면 생두 내부의 압력이 급격히 상승해 부피가 팽창하고, 표면적이 넓어진다.

프로덕션 로스팅 후 진행되는 커핑

QC 과정

프로덕션 로스팅을 마치고 원두 커핑을 하는 이유는 로스팅 결과를 최종 확인하기
위해서다. 이는 커피의 품질관리를 위한 작업으로, 의도한 향미가 제대로 표현되
었는지 알아보고 로스팅 과정에서 잘못된 부분이 있었는지 점검하는 역할을 한다.

엘카페 커피 로스터스El Cafe Coffee Roasters의

로스팅 QC법

엘카페 커피 로스터스의 QC는 로스팅 분석 프로그램인 크롭스터
로스트Cropster Roast를 사용해 로스팅 프로파일을 구체적으로 분석
하고, 동시에 커핑 프로그램인 크롭스터 컵Cropster Cup도 활용한다.
이후에는 매장에서의 최종 추출까지 살피며 QC에 가장 많은 시간
을 할애한다.

QC를 진행하는 과정에서 문제점이 발견된다면, 원인이 무엇인지
추적할 수 있어야 하므로 로스팅부터 커핑, 추출까지 철저하게 기록
한 데이터를 기반으로 전 과정을 통제한다.

커핑

프로덕션 로스팅을 할 때는 모든 배치batch*마다 결과물을 커핑한다. 이때는 클린컵
과 단맛, 밸런스를 중점적으로 살피며 테이스팅 노트를 기록하고, 추출수율*도 측정
해 데이터로 저장한다.

블랜드의 경우 해당 배치의 결과물을 커핑할 때 1주일 전에 로스팅한 동일한 블랜드
의 커피샘플도 함께 커핑해 비교하는데, 테이스팅 노트가 비슷하게 나오는지 살피며
추출수율에 큰 변화가 없는지 확인한다. 이를 위해 배치마다 매번 500g의 샘플을 남
겨 두며, 따로 보관한 샘플은 거래처에서 문제 제기를 할 때 확인용으로도 사용한다.

* 배치 : 로스팅 횟수를 세는 단위. 1배치는 로스팅을 한 번, 2배치는 로스팅을 두 번 한 것이다.

* 추출수율 : 커피를 추출했을 때 원두로부터 빠져나온 커피성분의 무게를 측정한 TDS 수치를 토대로 실제 추출에 사용한 원두량 대
비 얼마만큼의 커피성분이 녹아있는지를 나타낸 비율이다.

추출 세팅 점검

커핑과 더불어 각 지점별 추출 데이터를 기반으로 로스팅 상태를 점검하기도 하는데, 보통 로스팅에 문제가 발생하면 추출 세팅이 급격하게 바뀌는 경우가 많기 때문이다. 엘카페 커피 로스터스는 세 개의 매장에서 매일 아침 바리스타가 추출 세팅을 잡고, 데이터를 상세히 기록해 온라인으로 전 매장과 그 내용을 공유한다. 이때는 추출에 사용한 원두의 로스팅 날짜부터 원두량, 추출량, 추출 시간, 테이스팅 노트 등 세세한 부분까지 모두 적는다.

만약 비슷한 세팅 조건으로 동일한 원두를 추출했을 때 한 지점에서만 항미니 추출수율에 이상이 발견된다면, 해당 지점의 에스프레소 머신 상태나 정수 필터의 교체 시기 등을 확인한다. 다른 지점의 데이터에서도 이와 비슷한 오류가 나타나면 생두 보관, 로스팅, 추출 등을 되짚어 보며 어느 과정에서 문제가 발생했는지 꼼꼼히 분석한다.

프릳츠 커피 컴퍼니Fritz Coffee Company의

로스팅 QC법

프릳츠 커피 컴퍼니의 QC 역시 로스팅부터 커핑, 추출까지 이어진
다. 우선 원두별로 로스팅 프로파일이 기존에 정한 내부 기준을 벗어
나지 않았는지 확인하고, 커핑을 통해 향미를 점검하며 크롭스터 로
스트 프로그램에 데이터를 기록한다. 이후 최종 QC는 프릳츠 커피
컴퍼니의 각 지점에서 추출 세팅값을 확인하며 진행된다.

로스팅

프릳츠 커피 컴퍼니는 담당 로스터가 블랜드와 싱글 오리진별 커피특성을 제대로 이
해하고 있다는 사실을 전제하고 로스팅 QC의 평가 범위를 넓게 지정하는 편이다.
에스프레소 블랜드 중 단맛과 밸런스가 특징인 '잘되어 가시나Everything Good'를 예로
들면, 같은 웰 디벨롭이라도 어떤 배치는 블랜드의 특징보다 산미가 조금 더 드러나
는 것이 있고, 반대로 바디가 약간 더 묵직하게 나오는 배치도 있다. 이 경우 둘 다 언
더나 오버 로스팅이 되지 않고 눈에 띌 정도로 향미 기준 범위를 크게 벗어나지 않는
다면, 웰 디벨롭으로 판단한다.
언더 로스팅과 오버 로스팅은 컬러 트랙으로 원두의 색도 값을 측정하여 겉과 속이
골고루 익었는지 살피고, 이후 커핑에서 언더 로스팅으로 판단되는 생두의 비린 맛
이나 땅콩peanut 향미가 나는지, 오버 로스팅의 특징인 탄맛brunt과 떫고 텁텁한 향미
가 있는지 확인한다.
또한 배치 수가 많아질수록 로스터가 오래 열을 받아 로스팅 프로파일의 기준보다
많은 열이 생두에 전달되는 경우가 있다. 그렇게 되면 의도했던 것과 다르게 로스팅
이 더 진행되는 경우가 발생하기 때문에, 이를 방지하고자 각 배치별로 원두의 색도
를 검토하고 커핑을 통해 향미를 확인하여 문제가 발생한 배치부터 프로파일을 재
조정한다.

커핑

기본적으로 매 배치마다 커핑을 진행하지만, '올드 독Old Dog' 블랜드의 경우 작업량이
많아 전체 로스팅에서 앞, 중간, 끝 순서의 배치들만 골라 커핑한다. 단 로스팅 프로파
일이 변경되거나 생두 구성이 바뀌는 시점에는 모든 배치를 커핑한다.

커핑은 로스팅이 끝난 직후에 하지 않고 실제 추출에 사용할 시기에 맞춰 실시하는데,
'서울 시네마Seoul Cinema'와 잘되어 가시나 블랜드는 로스팅을 마치고 3일 후에, 올드
독 블랜드는 5일 후에 커핑하여 각 커피의 특징이 잘 드러나는지를 체크한다.

또한 분기별로 생두의 보관 상태를 점검하기 위한 생두 커핑도 진행하는데, 생두 상태
를 체크하는 것도 향미의 일관성을 유지하는 중요한 작업이기 때문이다.

내부 칼리브레이션

CoE에서 인터내셔널 심사 첫날 심사위원들이 모여 칼리브레이션을 하는 것처럼, 여럿이 모여 커핑할 때는 칼리브레이션 과정이 필수다. 이는 사람마다 제각각인 향미 평가의 기준을 조정하여 커피에 대한 느낌을 같은 언어로 표현하고 정확한 피드백을 주고받기 위해서다.

프로덕션 로스팅 후에 진행되는 QC에서도 내부적으로 정한 기준에 따라 칼리브레이션을 실시한다. 담당 로스터가 단독으로 QC를 할 때도 있지만, 혼자 일하는 매장이 아니라면 대부분 객관적인 평가를 위해 함께 일하는 동료들과 커핑한 후 칼리브레이션을 진행한다.

이때는 SCA나 CoE처럼 공식화된 커핑 폼을 사용하거나 자체적으로 만든 QC 폼을 활용하기도 한다. 일정한 폼을 사용하지 않고 구성원들끼리 자유롭게 의견을 주고받기도 하는데, 결과물에 대한 본인의 견해를 내비치고 그 이유를 명확히 밝힌다.

싸이펀 커피 랩의
내부 칼리브레이션 기준

싸이펀 커피 랩은 커핑할 때 산미, 단맛, 쓴맛, 애프터테이스트, 마우스필로 평가 항목을 구분하고, 항목별로 강도를 5단계로 나눠 향미를 평가한다.

그리고 이러한 내용을 바탕으로 칼리브레이션을 진행하는데, 그에 앞서 커핑에 참여한 사람이 향미를 표현할 때 사용하는 언어가 무엇인지 이해하는 것이 선행되어야 한다. 커핑은 결국 맛으로 느낀 감각을 언어로 표현하면서 소통하는 과정이기 때문에 서로의 표현법을 잘 알고 있으면 칼리브레이션 시 기준 조정이나 매장 내 QC도 수월하게 이뤄진다.

용도별 로스팅

커핑으로 생두의 캐릭터를 파악하고 나면, 이를 싱글 오리진으로 사용할 것인지, 기존에 있던 블랜드에 활용할 것인지, 아니면 새로운 블랜드를 구성하는 데 쓸 것인지 고민한다. 생두의 용도를 결정하여 로스팅한 후에는 또다시 커핑을 거쳐 QC를 진행한다.

블랜드

블랜드는 로스팅을 통해 최종적으로 표현하고자 하는 향미를 정하고 그 향미를 내기 위한 생두의 조합을 디자인하는 데서 출발한다. 블랜드용 생두는 주로 함께 사용할 생두들의 향미 밸런스를 헤아려 보는 것과 더불어 모든 생두가 고르게 로스팅되도록 밀도나 크기, 수분 함량 등 물리적인 특성도 고려해 선별한다.

엘카페 커피 로스터스의

블랜드

엘카페 커피 로스터스는 블랜딩을 디자인할 때 생두의 구매 단계에서부터 고민한다. 블랜드 구성에서 가장 중점적으로 고려하는 사항은 맛의 지속성인데, 블랜드별 향미의 뉘앙스를 유지하기 위해 수급이 안정적인 생두를 선택하는 것을 우선으로 삼고, 생두 수급이나 품질 저하의 문제로 부득이하게 블랜드 구성을 변경해야 하는 상황이 온다면 소비자가 같은 커피라고 여길 만큼 향미를 유지할 수 있는 선에서 생두를 구입하려 노력한다.

향미의 밸런스를 고려한 생두 선택

• 클래식Classic

클래식 블랜드는 엘카페 커피 로스터스가 추구하는 커피의 방향성을 대표한다. 화사하고 밝은 톤의 향미가 돋보이는 블랜드이며, 적당한 산미와 과일향이 특징이다. 2017년 기준, 클래식 블랜드는 주로 니카라과의 누에바 세고비아Nueva Segovia 지역의 생두를 중심으로 블랜딩을 디자인했다. 이 지역에서는 시트러스citrus 계열의 산미와 사탕수수sugar cane의 단맛이 특징인 생두가 많이 생산된다.

• 이탈리안 잡Italian Job

이탈리안 잡 블랜드는 이탈리아 정통 에스프레소에 대한 오마주의 개념으로 만들었다. 클래식 블랜드에 비해 로스팅 포인트가 조금 더 높은 편이지만, 쓴맛이 너무 부각되지 않고 다크 초콜릿과 비터스위트bittersweet의 뉘앙스에 바디가 좋은 블랜드다. 같은 니카라과의 생두로 블랜드를 구성했지만, 클래식 블랜드에 사용된 것과는 생두의 생산 지역이 다르다. 주로 히노테가Jinotega 지역의 생두를 블랜드의 베이스로 사용했는데, 이 지역에는 당밀*과 같이 찐득한 느낌의 단맛이 특징인 생두가 많다.

* 당밀 : 식물의 꽃 속에 있는 꿀샘이나 줄기에서 생성되는 단 물질, 혹은 설탕을 녹여 꿀처럼 만든 즙을 말한다.

생두의 물리적인 차이를 고려한 프로파일 설계

생두 수급 문제를 고려한 다음에는 생두의 밀도나 크기, 수분 함량과 같은 물리적인 차이를 살핀다. 하지만 물리적인 요소가 달라도 로스팅 프로파일을 설계할 때는 각각의 차이를 임의로 동등하게 맞추려 하지 않는다.

예를 들어 샘플 로스팅으로 블랜드에 섞을 생두들의 특성을 파악했을 때 그중 하나가 다른 생두에 비해 밀도가 낮다면, 선블랜딩*으로 진행되는 프로덕션 로스팅 과정에서 해당 생두가 조금 더 많은 열을 받으며 로스팅될 것을 감안하고, 그로 인해 발현될 향미까지 미리 고려해 블랜드 전체의 향미 뉘앙스를 예측하고 최종 로스팅 프로파일을 설정한다.

* 선블랜딩 : 블랜딩은 크게 두 가지 방식으로 나뉘는데, 블랜드에 사용할 생두를 모아 한 번에 같이 볶는 선블랜딩 방식과 생두를 각각 로스팅한 후에 섞는 후블랜딩 방식이 있다.

FELT

싱글 오리진

싱글 오리진용 생두를 로스팅할 때는 생두가 지닌 잠재력을 끌어올리는 데 집중한다. 싱글 오리진은 단 하나의 생두만으로도 풍부한 향미를 표현하기 위해 개성이 뚜렷한 생두를 사용하는 경우가 많다. 일반 로스터리에서는 커피산지별로 생두 리스트를 구비하거나, 게이샤와 같이 화려한 향미를 지닌 품종을 선택하는 등 다양한 기준에 따라 싱글 오리진용 생두를 결정한다.

펠트Felt의

싱글 오리진

펠트의 에스프레소는 매일 마셔도 부담 없는 커피를 지향하기 때문에, 블랜드를 구성할 때는 향미가 화려하고 개성이 강한 생두보다 단맛과 바디, 클린컵이 좋은 생두를 주로 선택한다.

이에 반해 싱글 오리진이나 바리스타 대회에 참가하는 선수를 위한 생두는 캐릭터가 분명해 강렬한 임팩트를 지닌 생두가 주를 이루는 편이다.

또한 지속적으로 다이렉트 트레이드를 해온 농장에서 새로운 가공 방식이나 품종을 시도한 생두가 있으면 전부 사 오기도 한다. 소비자들이 가공 방식별, 품종별로 다양한 커피향미를 경험하길 바라는 마음에서다.

커피 그래피티의

싱글 오리진

커피 그래피티에서 싱글 오리진을 위한 생두를 선택할 때는 크게 두 가지 기준을 적용한다. 주로 생두가 해당 국가의 향미 특징을 잘 나타내고 있는지, 혹은 기대하지 않았던 의외의 특징을 지니고 있는지를 본다.

에티오피아를 예로 들면, 에티오피아 커피의 일반적인 특징인 풍부한 과일향과 꽃향기가 잘 드러나면서 클린컵이 좋은 예가체프Yir-gacheffe나 시다모Sidamo 지역의 생두가 있다면 바로 구매하는 편이다. 반대로 에티오피아의 전반적인 특징과 다른 향미를 지닌 하라Harrar 지역의 생두도 구매한다. 이 지역은 에티오피아 내에서도 물이 귀한 곳이라 맨바닥에서 커피체리를 건조하는 내추럴 프로세스가 주를 이루는데, 이러한 가공 방식의 영향으로 특유의 흙냄새가 생두에 배어난다. 다른 지역에서 생산된 커피에서 흙향earthy이 난다면 커핑 시 결점으로 분류될 수도 있지만, 하라 지역의 커피는 고유의 캐릭터로 인정된다.

코스타리카는 허니 프로세스를 비롯한 다양한 가공 방식을 시도하는 국가로, 실제로 CoE에서 새로운 가공 방식을 도입한 커피들이 상위권에 오르곤 했다. 커피 그래피티는 이같은 트렌드에 맞춰 생두를 선택할 때도 있지만, 2000년대 초반에 중미 지역에서 많이 볼 수 있었던 단맛이 좋은 워시드 프로세스 커피처럼 전통적인 방식으로 가공한 커피를 발견할 기회가 생긴다면 망설임 없이 구입해 로스팅하고 추출해보는 편이다.

로 스 팅
디 펙 트

로스팅 디펙트는 생두를 선별할 때 미처 발견되지 못하다가 로스팅에 이르러서야 드러나는 경우가 있고, 생두를 다루는 로스터의 미숙함이나 실수로 발생하기도 한다. 육안으로는 일반 원두와의 차이를 쉽게 구분할 수 없어 로스팅을 마친 후 커핑할 때 발견되기도 한다.

퀘이커quaker : 덜 익은 생두를 로스팅하면 나오는 밝은 색의 원두다.

스코칭 : 로스팅 과정에서 생두에 열이 지나치게 많이 전달되어 표면 일부가 타거나 그을린 원두다.

티핑 : 로스팅 시 높은 열량을 가해 생두 내부의 압력이 높아지면서 열이 생두 밖으로 강하게 분출되어 일부가 타거나 구멍이 생긴 원두다.

칩핑chipping : 로스팅 시 흡열 구간에서 생두에 너무 많은 열을 가해 생두 표면의 일부가 원형 조각으로 떨어져 나간 원두다.

베이크드baked : 생두가 열을 충분히 받지 못한 채로 로스팅되어 화학반응으로 형성되는 향미가 제대로 발현되지 않은 원두다.

언더 : 로스팅 과정에서 열이 생두 내부까지 제대로 전달되지 않아 원두의 내부와 외부의 로스팅 편차가 큰 원두로 풋내와 같은 향미 결함이 발생한다.

오버 : 생두를 지나치게 오래 볶거나 너무 센 열량으로 로스팅해 타버린 원두로, 향미 품질이 크게 떨어진다.

PART

06.

CUPPING &

EXTRACTION

커핑 & 추출

CUPPING

KNOW-HOW

컵 테이스팅

커핑이 생두와 원두의 고유한 특징을 확인하고 활용 방안을 찾기 위한 작업
이라면, 컵 테이스팅은 추출을 통해 원두의 장점을 끌어내고 단점은 최소화
하는 방법을 고민하는 과정으로, 추출된 커피로 진행하는 또 하나의 QC 작
업이다. 일반 커핑과 달리 우리가 마시는 실제 커피로 진행되기 때문에, 소
비자에게 제공되는 커피를 최종 점검하는 과정이라는 사실을 염두에 두어
야 한다.

커핑 결과와 실제 추출의 차이

커핑을 통해 파악한 커피샘플의 향미는 에스프레소 머신이나 브루잉 도구로 추출
한 커피에 그대로 표현되지 않는다. 이는 추출법의 차이에서 비롯된 것으로 커핑
은 평가를 목적으로 하는 만큼 추출 시 발생하는 변수를 최대한 줄이기 위해 물 온
도, 원두량, 추출 시간 등을 고정하고 분쇄된 원두에 뜨거운 물만 부어 우려낸 상
태로 진행한다. 커핑은 가장 기본적인 침출식 추출법 중 하나지만 원두의 분쇄도
가 굵은 편이라 커피성분이 과소 추출되어 산미와 프루티fruity한 느낌이 강하고 쓴
맛은 잘 느껴지지 않을 때가 있다. 과소 추출이 일어나면 커피성분 중 무게가 가벼
운 저분자 화합물로 이뤄진 엔자이매틱enzymatic* 계열의 향만 추출되기 때문이다.

하지만 커핑과 달리 일반적인 커피추출은 추출법에 따라 여러 변수를 조절하기 때문에 최종 향미에도 많은 영향을 끼치게 된다.

CHECK POINT

에스프레소 추출의 다양한 변수

추출수 온도

원두의 분쇄도

도징양*

추출량

추출 시간

뜸 들이기(인퓨전infusion*) 여부

에스프레소 머신의 종류

에스프레소 머신의 압력

필터 바스켓filter basket*, 탬퍼tamper*, 샤워 스크린shower screen* 등 파츠parts*의 종류

* 엔자이매틱 : 커피를 마시면 플로럴(floral)과 프루티 등 가벼운 엔자이매틱 계열의 드라이 아로마(dry aroma)가 가장 먼저 느껴지는데, 이러한 향미는 유기산의 반응으로 생기며 향미를 평가하는 데 중요한 기준이 된다.

* 도징양 : 그라인더로 분쇄한 원두를 포터필터(porter filter)에 담는 것을 도징(dosing)이라 하고, 분쇄원두를 얼마나 담느냐에 따라 도징양을 측정한다.

* 인퓨전 : 본격적인 커피추출에 앞서 분쇄원두에 물을 살짝 투입해 물길을 형성하여 커피성분이 안정적으로 추출될 수 있도록 하는 사전 작업이다.

* 필터 바스켓 : 분쇄원두를 담아 에스프레소 머신에 끼우는 장치인 포터필터에서 분쇄원두를 담는 바스켓 형태의 금속 필터가 필터 바스켓이다.

* 탬퍼 : 포터필터에 담긴 분쇄원두를 다지는 도구.

* 샤워 스크린 : 에스프레소 머신의 보일러에서 나오는 추출수를 필터 바스켓 전체에 분사하는 역할을 하는 부품.

* 파츠 : 에스프레소 머신과 관련된 각종 부속품을 통칭하는 말.

브루잉 커피 추출의 다양한 변수

추출수 온도

원두의 분쇄도

분쇄원두의 양

추출량

추출 시간

터뷸런스turbulence*의
발생 여부

물을 붓는 횟수와 양

물줄기의 굵기

드리퍼dripper*의
종류와 재질

필터의 종류와 재질

* 터뷸런스 : 난류라는 뜻으로 필터에 담긴 분쇄원두에 물을 부어 인위적으로 소용돌이를 만드는 현상.
* 드리퍼 : 브루잉 커피를 추출할 때 사용하는 도구. 일반적으로 종이나 천 필터를 이용해 커피찌꺼기를 걸러내며, 플라스틱, 유리, 도
자기, 동, 스테인리스 등 다양한 소재로 제작된다.

추출 레시피 세팅을 위한
커핑

바리스타가 진행하는 커핑

커핑의 결과를 추출에 적용하는 바리스타는 최종적으로 추출이 제대로 이루어졌는지 확인하는 컵 테이스팅도 함께 진행한다. 이를 위해 바리스타, 즉 추출자는 커핑 단계에서부터 추출의 방향성을 가늠하며 향미 평가에 집중하는 경우가 많다.

엘카페 커피 로스터스의

추출 레시피 세팅을 위한 커핑

엘카페 커피 로스터스는 블랜드용 프로덕션 로스팅을 마치고 커핑할 때 커피샘플을 두 가지 버전으로 준비해 진행한다.

하나는 일반적인 커핑 방식대로 원두를 브루잉 커피용보다 살짝 굵게 분쇄하고, 다른 하나는 에스프레소를 추출할 때와 같은 굵기로 가늘게 분쇄해 커핑을 진행한다. 실제 추출에 사용할 원두를 커핑하는 것이기 때문에 분쇄도를 가늘게 했을 때 커피가 너무 텁텁한 느낌이 들지 않는지 마우스필을 살피고, 추출수율도 함께 측정해 에스프레소와 비슷한 추출수율에서 향미의 뉘앙스를 파악한다. 기타 기본적인 향미 평가에 대한 부분은 일반 커핑의 분쇄도를 적용한 것으로 평가한다.

프릳츠 커피 컴퍼니의

추출 레시피 세팅을 위한 커핑

프릳츠 커피 컴퍼니의 송성만 바리스타는 커핑도 추출의 한 영역이
라는 사실을 염두에 두고 커핑을 진행한다. 커핑에서는 일반적으로
추출수율이 18% 이하로 나오는데, 이는 원두가 지닌 수용성 성분을
충분히 끌어내지 못한 것으로 일반 커피추출에서 느낄 수 있는 향미
의 특징을 전부 파악하기 힘들다.

이에 커핑에서도 모든 향미를 구별하고 그 결과를 추출에 반영하기
위해 일반적인 커피추출과 유사한 조건에서 커핑을 진행한다. 커핑
과정 자체는 추출수율을 측정한다는 점을 빼고는 일반적인 커핑과
거의 비슷하다. 스키밍skimming*을 하고 12분 후에 TDSTotal Dissolved
Solids* 측정기를 활용해 수치를 확인한다.

커핑 조건

- 분쇄도 : 브루잉 커피용 분쇄도(일반 커핑용 분쇄도보다 조금 더 가는 굵기)
- 물 온도 : 약 93~95℃
- 추출수율 : 18~20%
- 원두량 : 10g
- 물 양 : 170~180g

---

* 스키밍 : 커핑 시 분쇄원두에 물을 붓고 부풀어 오른 부유물을 커핑 스푼으로 걷어내는 과정.

* TDS : 총용존고형물이라는 뜻으로, 커피추출액에 녹아 있는 커피고형분의 양을 나타내며 커피의 농도와 관계가 있다.

컵 테이스팅을 통한 최종 향미 점검

커피를 추출한 후에는 컵 테이스팅을 통해 추출 레시피를 다듬는다. 컵 테이스팅을 할 때는 구체적인 향미 요소를 기록하며 분석하는 커핑과 달리 향미의 뉘앙스를 살피는데, 주로 커피의 산미, 단맛, 쓴맛의 정도와 클린컵, 바디의 강도 등을 파악한다.

에스프레소 추출의 경우, 단순히 에스프레소로만 테이스팅하지 않고 우유 베리에이션 음료를 제조해 맛보며 향미를 확인하는 것도 좋은 방법이다. 카푸치노나 카페라떼를 만들어 컵 테이스팅을 하는 것인데, 우유를 희석했는데도 쓴맛이 강하게 느껴진다면 일반 에스프레소에서는 쓴맛이 더욱 두드러지기 때문에 추출의 세팅값을 재조정하는 것이 좋다.

에스프레소는 기본적으로 커피성분을 이루는 분자의 수보다 물 분자의 수가 월등히 많다. 여기에 아메리카노처럼 물을 부으면 물 분자끼리 빠르게 결합하면서 커피의 농도가 옅어지지만, 에스프레소와 우유를 섞으면 같은 양의 물을 혼합하는 것에 비해 물 분자 수가 적어 커피 자체의 농도 변화는 크지 않아 더 쓰게 느껴진다.

엘카페 커피 로스터스의

컵 테이스팅

엘카페 커피 로스터스에서는 매일 아침 클래식과 이탈리안 잡, 두 가
지 에스프레소 블랜드로 추출한 아메리카노를 마시며 컵 테이스팅
을 진행한다. 엘카페 커피 로스터스는 카페에서 가장 맛있는 커피가
손님들이 가장 많이 찾는 커피여야 한다고 생각하기 때문에 에스프
레소가 아닌 아메리카노를 추출의 기준으로 삼는다.

여름이면 컵 테이스팅의 척도가 아이스 아메리카노로 바뀌고, 날씨
가 선선해지면 다시 따뜻한 아메리카노가 기준이 된다.

에 스 프 레 소 와
브 루 잉 커 피 추 출 세 팅

추출 세팅 과정

바리스타는 커핑으로 파악한 커피의 장단점을 활용해 여러 가지 방법으로 추출 레시피를 조절한다. 일반적으로는 서로 다른 원두라도 기존에 사용하던 원두의 세팅값으로 먼저 추출해보고, 수정이 필요하다고 판단되면 원두의 분쇄도나 추출량과 같은 변수를 조정한다.

이때는 최상의 커피(이른바 God Shot)를 추출하는 것에 중점을 맞추기보다는 커핑에서 예상한 향미의 범위를 벗어나지 않도록 하는 것이 중요하다. 바리스타 대회에 출전한 경우가 아닌 이상, 매 순간 최상의 커피를 추출하기는 어렵기 때문이다. 추출 레시피는 앞서 살펴본 에스프레소와 브루잉 커피 추출의 다양한 변수를 활용해 확정한다.

커피 그래피티의

추출 세팅 조절 과정

커피 그래피티는 우선 내부적으로 정한 기본 세팅값에 맞춰 커피를
추출한다. 기본 세팅값대로 커피를 추출했는데도 의도한 향미가 나
오지 않는다면, 해당 커피의 어떤 점을 부각시킬 것인지 고민하며
세부 변수를 조정한다.

가장 쉽게 변화를 줄 수 있는 요인은 분쇄원두의 양과 추출량, 추출
시간으로 원두량이나 추출량을 적거나 많게, 추출 시간을 짧거나 길
게 조절한다. 이후에도 여전히 향미가 만족스럽지 않다면 분쇄도를
조절하고, 그다음에는 추출수의 온도를 변경해본다. 에스프레소 추
출의 경우 탬퍼나 필터 바스켓 등의 파츠를 바꾸는 것은 가장 마지
막에 하는 일이다.

이처럼 추출 세팅은 한 번에 다양한 변수를 조절하지 않고 단계별로
하나씩 바꿔 가면서 최종 추출 레시피를 결정한다.

바리스타 대회 준비를 위한 에스프레소 추출 세팅 과정
바리스타 대회를 준비한다면, 추출 레시피를 세팅하는 과정은 매장에서 사용하는 커
피를 다루는 것과 조금 다르게 진행한다. 대회는 정해진 룰 안에서만 세팅을 변경할
수 있기 때문이다. 원두량, 추출량, 추출 시간을 어느 정도 확정한 상태에서 그 외 세
부적인 사항을 조정하는데, 고정된 원두량에서 분쇄도를 조절해 도징양을 늘리거나
줄이고 다양한 파츠로 변화를 시도하기도 한다.

엘카페 커피 로스터스의

추출 세팅 조절 과정

엘카페 커피 로스터스는 기본적으로 원두량의 두 배만큼 에스프레소를 추출한다. 기본 세팅값의 범위 안에서 커피를 추출한 후 향미의 뉘앙스에 따라 변수를 조절하며 레시피를 잡아가는데, 추출의 세부 사항을 정하는 것은 철저히 바리스타의 재량이다.

급격한 날씨 변동이나 생두 구성에 변화가 없고 블랜드 종류도 같을 경우, 도징양과 추출량은 대체로 기본 세팅값에서 1~2g 정도의 변동이 있고, 분쇄도는 그라인더에 설정된 메쉬mesh*가 기본 세팅값에서 반 칸 이상 눈금이 움직이는 경우가 거의 없다.

만약 도징양과 추출량이 기본 세팅값에서 5~10g 정도로 크게 차이가 나고, 그라인더의 눈금도 두 칸 이상 조절해 분쇄도를 변경하는 경우가 생기면 로스팅이 잘못되었거나 사용하는 에스프레소 머신 내부에 결함이 생긴 것, 또는 정수 필터의 교체 시기가 다가온 것으로 판단하고 문제점을 찾아 해결한다.

* 메쉬 : 본래 체의 구멍 크기를 나타내는 단위로, 원두의 분쇄입자를 측정하는 단위로도 사용한다.

커피 그래피티의

추출 세팅폼

에스프레소 추출 세팅폼

- 도징양 : 16~18g
- 추출량 : 30~35g
- 추출 시간 : 약 25초
- 추출수 온도 : 93.6℃
- TDS : 9~10

커피 그래피티의 추출 세팅폼은 기본적으로 원두량, 추출 시간, 추출량과 같은 사항이 고정되어 있다. 블렌드 구성이나 싱글 오리진이 바뀔 때마다 세팅값도 조금씩 변하지만, 커피 그래피티에서 추구하는 향미의 방향성은 변하지 않고, 에스프레소 머신과 같은 장비도 바뀔 일이 거의 없어 세팅폼이 드라마틱하게 변하는 일은 흔치 않다. 추출 수율은 에스프레소와 브루잉 커피 모두 18~20%로 맞춘다.

브루잉 커피 추출 세팅폼

- 원두량 : 20g
- 물 양 : 300g
- 추출 시간 : 약 2분
- 추출수 온도 : 100℃로 시작해 추출 후반에는 80~90℃의 온도가 유지된다.
- TDS : 1.2~1.4

여러 브루잉 도구를 사용하지 않고 디셈버December 드리퍼로만 커피를 추출한다. 원두 상태에 맞춰 추출법을 바꾸기보다는 추출 전 로스팅 단계에서 로스팅 포인트를 달리해 향미를 조절한다. 커피의 다채로운 향미를 끌어올리기 위해서는 라이트 로스팅을 하고, 단맛을 강조하기 위해서는 로스팅을 더 진행하는 식으로 변화를 준다.

프릳츠 커피 컴퍼니의

추출 세팅폼

에스프레소 추출 세팅폼(도화동 매장의 슬레이어Slayer 에스프레소 머신 기준)

- 도징양 : 20~20.5g
- 추출량 : 35~45g
- 추출 시간 : 31~38초
- 추출수 온도 : 93.5℃
- TDS : 9~10

프릳츠 커피 컴퍼니 역시 기본적으로 설정된 추출 범위 안에서 조금 씩 레시피에 변화를 주면서 최종 세팅을 확정한다. 그 과정에서 에스프레소와 브루잉 커피 모두 18~20%의 추출수율을 유지하는 것을 주요 기준으로 삼는다.

우선 기본 세팅값에 맞춰 추출을 진행해 객관적인 수치를 확인하고, 컵 테이스팅을 통해 향미도 살핀다. 이때 만약 향미에서 부정적인 쓴맛과 무언가 비어 있는 듯한 느낌이 든다면, 프릳츠 커피 컴퍼니에서 내부적으로 규정한 에스프레소 컨트롤 차트에서 ⓛ(Low의 약자)의 기준을 적용해 추출량을 38g으로 줄여 저수율, 고농도의 커피를 추출한다. 커피성분을 적게 추출하면 추출 후반에 나오는 쓴맛이 줄어들기 때문이다.

반대로 커피가 너무 시거나sour 짜고salty, 애프터테이스트가 짧으면 원두에서 커피성분을 더 추출하기 위해 추출량을 43g으로 늘려 고수율, 저농도로 세팅된 ⓗ(High의 약자)의 기준을 적용한다.

브루잉 커피 추출 세팅폼(도화동 매장 기준)

- 원두량 : 20g
- 물 양 : 300~330g
- 추출량 : 250g 이상
- 추출 시간 : 2~4분
- TDS : 1.30~1.50

브루잉 커피는 사람의 손으로 커피를 추출할 때의 변수를 줄이고자 자동 브루잉 머신인 마르코Marco 사의 SP9 머신과 칼리타 웨이브 Kalita Wave를 사용해 세팅한다. 칼리타 웨이브는 드리퍼 바닥의 웨이브 존wave zone*이 커피성분을 안정적으로 추출하는 역할을 하기 때문에 추출의 균일함을 제어하기에 유리하다.

브루잉 커피 역시 에스프레소와 마찬가지로 추출의 객관적인 수치와 향미를 확인하여 최종 세팅값을 설정한다. 컵 테이스팅을 통해 파악한 커피의 향미가 약하고weak, 엠티empty의 뉘앙스가 느껴진다면, 오른쪽 페이지의 브루잉 컨트롤 차트에서 A와 B 구간에 가깝도록 추출량을 줄이고, 반대로 너무 시거나 짠 뉘앙스가 있다면 추출량을 늘려 E 혹은 F 구간으로 이동할 수 있게 세팅을 조절한다.

* 웨이브 존 : 드리퍼 바닥의 Y자 돌기로 인해 필터와 드리퍼 사이에 생기는 간격을 뜻한다. 때문에 필터를 통과한 커피는 드립서버 (drip server)로 곧장 빠지지 않고 웨이브 존에서 섞인 후 나가게 된다.

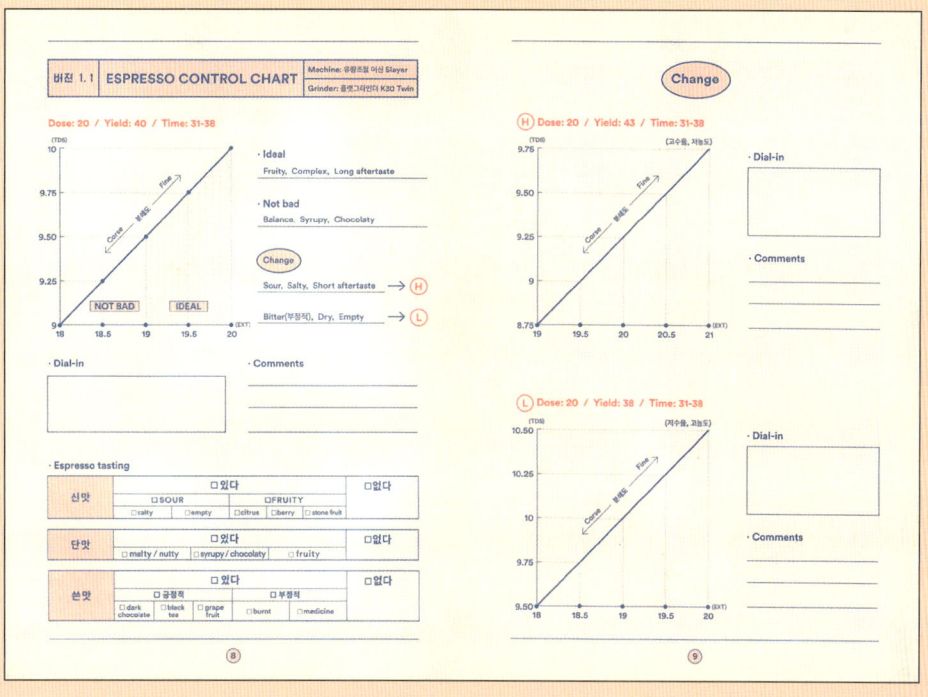

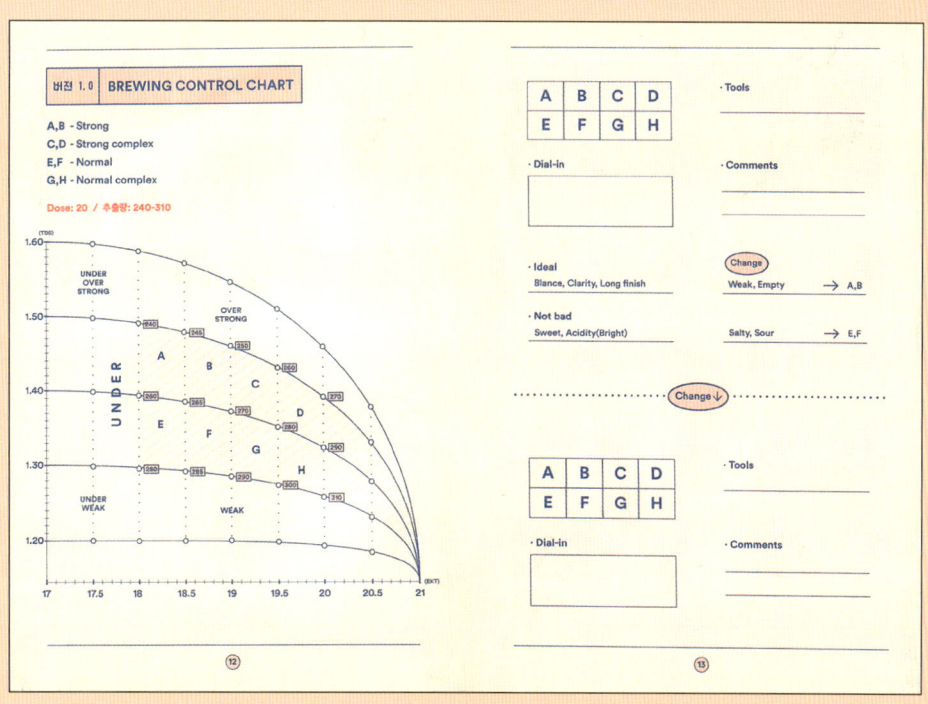

프릳츠 커피 컴퍼니의 에스프레소 컨트롤 차트

프릳츠 커피 컴퍼니의 브루잉 커피 컨트롤 차트

TIP	**추출수율이 높으면 커피가 더 맛있다?**

때때로 추출수율이 높은 커피가 맛있는 커피로 해석될 때가 있다. 추출된 커피에 녹아 있는 커피성분의 양이 많을수록 커피가 맛있다는 의미인데, 이는 어느 정도 설득력이 있는 주장이지만 함부로 단정 지을 수 없는 이야기다. 커피향미에 긍정적인 영향을 끼치는 성분이 많이 추출되었다면 추출수율이 높을수록 맛있겠지만, 부정적인 성분들이 많이 추출되었다면 추출수율이 높다고 해도 커피맛은 떨어지기 때문이다.

추출수율을 평가하기 위해서는 먼저 각자의 추출 환경에 대한 이해가 선행되어야 한다. 자신의 커피가 어떤 원두로, 어떤 방식을 이용해서 추출되었을 때 맛있다고 느꼈는지를 찾고, 그에 따른 적정 추출수율은 모두 다를 수 있다는 사실을 명심해야 한다.

추출수율과 TDS는 QC의 기준으로 삼을 때 제 기능을 한다. 커피의 추출수율과 TDS를 데이터로 기록해 두면 추후 QC의 객관적인 근거로 활용할 수 있기 때문이다. 또 다른 사람과 향미에 대해 소통할 때 단순히 도징양과 추출량만 가지고 이야기하면 가늠하기 어려운 부분이 수치화된 추출수율과 TDS를 덧붙이면 조금 더 쉽게 공감을 얻을 수 있다.

VST 사의 TDS 측정기

내부 칼리브레이션

추출 세팅폼은 바리스타 혼자 일하는 매장이 아닌 이상 함께 일하는 동료들과 공유하는 것이 좋다. 추출의 일관성을 유지해야 손님이 언제 방문해도 동일한 맛의 커피를 제공할 수 있기 때문이다. 이를 위해 매장에서는 추출된 커피를 놓고 틈틈이 QC와 칼리브레이션을 진행한다.

프릳츠 커피 컴퍼니의

QC 및 칼리브레이션 방법

프릳츠 커피 컴퍼니는 추출 세팅에 관한 명확한 내부 기준이 있고, 그동안 축적해 온 데이터가 있기 때문에 칼리브레이션이나 QC를 진행할 때도 기존에 정해둔 추출 범위 안에 들어오는지를 따진다. 많은 인원이 함께 근무하는 매장이다 보니, 바리스타 각자가 최고의 커피를 추출하는 것이 아닌 프릳츠 커피 컴퍼니가 추구하는 커피를 일관되게 구현하는 작업을 QC로 여기는 것이다. 이를 위해 세팅 조절 과정도 최대한 쉽고 간단하게 진행한다.

매장에서는 하루에 두 번 정도 추출 세팅을 확인하는데, 컵 테이스팅을 통해 밸런스를 중심으로 향미를 살피고 산미와 단맛, 쓴맛의 강도를 측정해 기록한다. 최종 완성된 세팅폼은 해당 세팅에 대한 바리스타의 자세한 코멘트도 적어 에스프레소 머신 옆에 붙여 놓고 당일 근무하는 바리스타들과 공유한다.

버전 1.0	ESPRESSO CHART

(예시)

날짜	2017년 4 월 1 일 13시			
커피	서울시네마			5 일차
도징량	추출량	시간	TDS	EXT
20 g	40 g	35 초	10 %	20 %

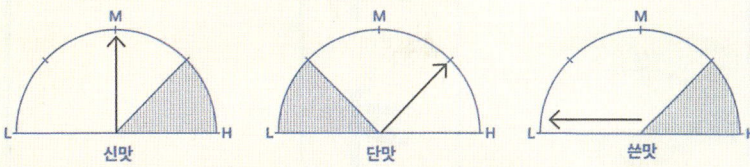

신맛   단맛   쓴맛

Comments

서울시네마가 추구하는 산미와 단맛이 충분히 발현

프린츠 커피 컴퍼니의 에스프레소 추출 세팅품 예시

137

PART

07.

CUPPING

PRACTICE

커핑 실습

CUPPING

KNOW-HOW

미각·후각 훈련법

한 잔의 커피를 완성하기 위해 커피체인의 단계별로 커핑이 어떻게 활용되는지 파악했다면, 이를 실제 업무와 일상에 적용해 커피향미를 분석하고 이해하는 실질적인 방법을 터득해야 한다.

커핑은 커피향미를 구별하고 표현하는 과정이다. 이를 객관적이고 명확하게 전달하려면 다양한 향미를 반복적으로 경험해야 하는데, 그 경험이 뇌에 기록으로 저장되면 훗날 처음 맛보는 커피에서도 이전에 경험한 것과 비슷한 특징을 찾아내 비교하는 일이 수월해진다.

향미 인지 과정

향미를 능숙하게 구분하려면 우리 몸에서 맛과 향을 느끼는 감각 기관인 입과 코로 미각과 후각을 훈련하는 과정이 필요하다.

맛은 음식에 포함된 특정 성분이 혀를 자극하여 느껴지는데, 이때 미각 세포에 전해진 자극이 뇌로 전달되어 기존의 경험들과 비교 분석되면서 맛을 인지한다. 마찬가지로 향도 후각 세포를 통해 냄새의 고유한 특성을 파악하고, 이를 뇌에 입력된 익숙한 것들과 비교해 이미지를 연상하는 과정을 거쳐 인식된다.

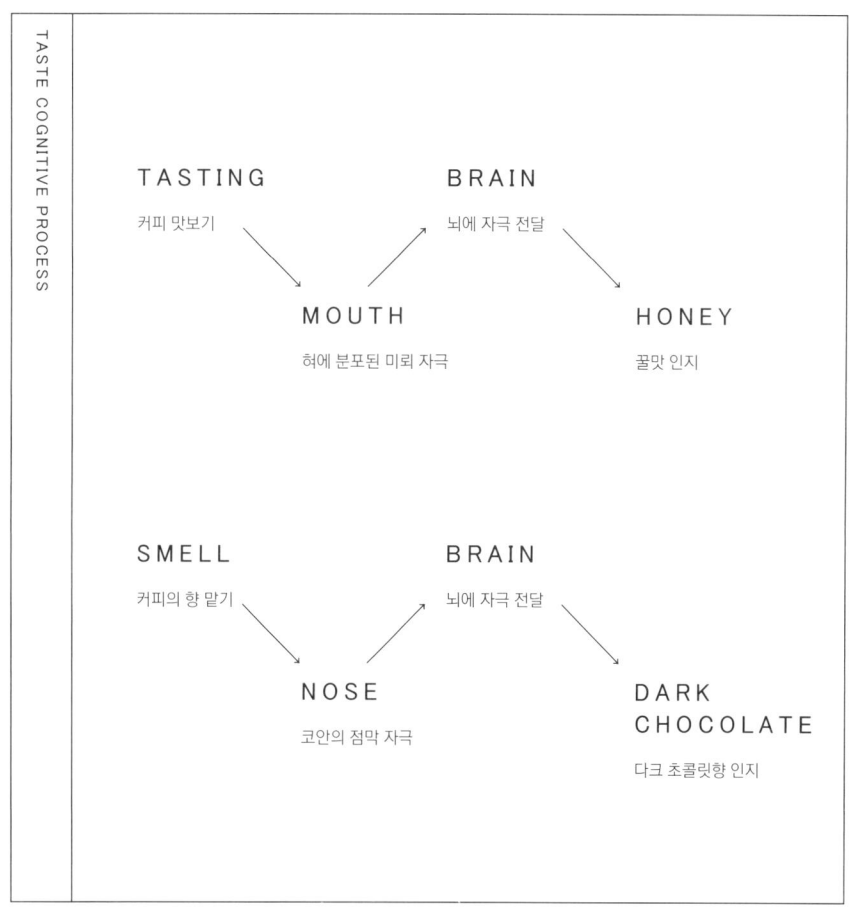

TASTING
커피 맛보기

BRAIN
뇌에 자극 전달

MOUTH
혀에 분포된 미뢰 자극

HONEY
꿀맛 인지

SMELL
커피의 향 맡기

BRAIN
뇌에 자극 전달

NOSE
코안의 점막 자극

DARK
CHOCOLATE
다크 초콜릿향 인지

커피의 맛

커피에서 느낄 수 있는 맛은 크게 산미, 단맛, 쓴맛으로 분류할 수 있다.

산미/신맛sourness

우리는 커피에 들어 있는 여러 유기 화합물 가운데 유기산organic acid의 영향으로 산미를 느낀다. 대표적인 성분으로 구연산citric acid, 사과산malic acid, 주석산tartaric acid, 인산phosphoric acid, 아세트산acetic acid이 있다. 각 성분은 뚜렷이 구분되는 편이지만, 때로는 커피 한 잔에서 모든 산 성분이 동시다발적으로 느껴져 복합적인 산미를 드러내기도 한다.

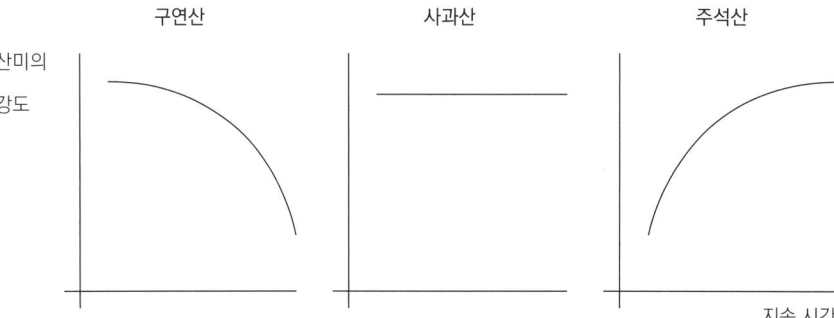

CUPPING PRACTICE

▫ 구연산 : 커피를 맛볼 때 산미의 강도가 처음에는 강하게 느껴지다가 시간이 지날수록 약해지면 주로 구연산이 많이 들어 있는 것으로 판단한다. 이를 테이스팅 노트에 적을 때는 상큼하고 청량한 과일류인 레몬lemon이나 오렌지orange, 귤tangerine, 라임lime 등으로 표현한다.

▫ 사과산 : 산미의 강도가 처음부터 끝까지 은은하게 지속되는 사과산은 살짝 덜 익은 사과apple의 향미에 비유된다.

▫ 주석산 : 주석산은 처음에는 산미가 미미하게 느껴지다가 뒤로 갈수록 강해지며 여운을 남기는 성분이다. 주로 포도grape에 많이 들어 있으며 테이스팅 노트에도 포도, 와이니winey 등으로 표현한다.

▫ 인산 : 유기 화합물의 변화로 발생한 성분이 아닌 생두 자체에 포함되어 있는 산 성분으로, 긍정적으로 발현되면 열대과실의 산미가 나고, 부정적으로 발현되면 시큼한 향미로 구분되어 향미 평가에 좋지 않은 영향을 끼친다.

▫ 아세트산 : 식초의 주성분으로 보통 발효될 때 나오는 성분 중 하나다. 커피에서는 부정적인 향미로 분류한다.

단맛

커피에서 가장 긍정적인 평가를 받는 맛으로, 탄수화물이나 단백질protein에 의해 형성된다.

▫ 탄수화물 : 생두의 60%를 차지하는 성분으로, 주로 당 성분으로 이루어져 있다. 로스팅 시 포도당, 과당fructose, 자당sucrose과 같은 당류가 열에 의해 반응해 단맛을 드러낸다.
▫ 단백질 : 단백질은 분자의 크기가 커서 그 자체로는 맛이 느껴지지 않지만, 열을 받아 분해되면 단맛이 느껴진다.

쓴맛

일반적으로 커피에서 가장 많이 떠올리는 맛이지만, 종종 커피의 부정적인 맛으로 오해를 받기도 한다. 물론 쓴맛이 지나치면 좋은 평가를 받지 못하지만, 산미와 단맛이 잘 어우러진 쓴맛은 커피의 풍부한 향미를 완성한다. 쓴맛을 내는 대표적인 성분은 카페인, 트리고넬린trigonelline, 클로로겐산chlorogenic acid이다.

▫ 카페인 : 커피에 들어 있는 성분 가운데 제일 유명한 카페인은 신경 전달 물질을 과다 분비시켜 혈류를 빠르게 만드는 요인으로, 혈관을 확장시켜 몸을 예민한 상태로 만든다. 카페인은 흔히 '쌉쌀하다'고 표현하는 쓴맛을 내며 커피에서는 긍정적인 쓴맛에 속한다. 보통 분쇄원두와 물이 접촉하는 시간에 비례해서 추출된다.
▫ 트리고넬린 : 아라비카에는 1% 정도, 로부스타에는 0.7% 정도 들어있는 성분으로 카카오cacao와 비슷한 쓴맛을 낸다.
▫ 클로로겐산 : 항산화 물질로 체내 활성 산소를 제거하는 역할을 한다. 하지만 커피를 추출할 때는 뜨거운 물과 만나 가수 분해되면서 불쾌한 쓴맛을 내는 퀸산quinic acid과 같은 성분을 유발한다.

COFFEE

UP

⬆

⬇

DOWN

산미　→　단맛

⬇

DOWN

UP

⬆

산미　→　쓴맛

⬇

DOWN

UP

⬆

산미, 쓴맛　→　단맛

일반적으로 산미와 쓴맛은 공존할 수 없다고 말한다. 하지만 커피는 분명 산미와 단맛, 쓴맛이 모두 느껴져야 복합적인 향미를 완성할 수 있다. 이를 위해 맛의 밸런스를 잘 조절하는 것이 중요한데, 로스팅 과정에서 열량이나 배기 등을 이용하여 향미의 밸런스를 끌어내거나, 커피추출 시 추출량이나 원두의 분쇄도와 같은 추출 변수를 활용하여 해결할 수 있다.

로스팅 과정에서 생성되는 향미

생두에 잠재된 향미는 로스팅을 통해 발현된다. 생두는 로스팅 과정에서 열을 받아 물리적, 화학적 변화를 일으키는데, 특히 생두가 갈변화되는 과정에서 일어나는 메일라드 반응과 캐러멜화가 향미에 큰 영향을 끼친다.

□ 메일라드 반응 : 로스팅 시 생두의 온도가 약 120℃를 넘으면 생두에 포함된 당과 아미노산이 반응해 멜라노이딘melanoidine 성분을 만들어 내며 생두의 색상과 향이 변하기 시작한다. 이때 생두의 부피가 팽창하고 내부의 압력이 커지면서 휘발성 유기 화합물이 생성되어 향 성분을 형성하고, 이와 동시에 풍부한 단맛과 고소함이 형성된다.

□ 캐러멜화 : 메일라드 반응이 일어나기 시작하면서 다당류 중 하나인 자당이 열에 의해 분해되는 캐러멜화가 나타난다. 이때는 당이 분해되면서 단맛이 줄어들기 시작하고, 이로 인해 커피의 달콤쌉쌀한 맛이 형성되며 로스팅 시간이 길어질수록 쓴맛이 부각된다.

갈변화된 생두는 로스팅 과정에서 계속 열을 흡수하고, 그에 따라 여러 유기 화합물들이 합성되거나 분해되면서 구연산과 같은 커피의 산미를 표현하는 성분들이 형성된다.
이후 생두가 일정 온도에 다다르면 열에 의한 압력을 견디지 못하고 갈라지면서 수증기가 빠져나오는 1차 크랙이 발생하고 향미 성분들이 활발히 생성된다. 로스터의 의도에 따라 1차 크랙 후 로스팅을 끝내는 경우가 있고, 때에 따라 2차 크랙까지 로스팅을 진행해 각자가 추구하는 향미를 완성한다.

아로마 키트 aroma kit

우리가 커피를 마실 때 느끼는 향미는 후각의 지배를 많이 받는다. 그만큼 후각 훈련은 향미를 온전히 이해하기 위한 필수 과정인데, 커피업계에서는 아로마 키트를 이용해 향을 익히는 경우가 대부분이다. 하지만 단순히 키트의 향을 맡고 외우는 것보다 향에서 연상되는 요소들을 구체적으로 분석하며 향 성분을 공식화하는 것이 좋다.

예를 들어 커피의 향을 맡았을 때 향이 달다고 느껴지면 그것이 키트에서 슈가 sugar 계열의 향인지, 허니 honey 계열의 향인지 등을 섬세하게 풀어내도록 훈련한다. 각 향에 대한 나름의 체계를 만들어 기억해두면 생소한 향을 접했을 때도 이전의 경험과 비교하며 향을 분석하기가 한결 수월해진다.

르 네 뒤 카페

르 네 뒤 카페Le nez du café

르 네 뒤 카페는 와인의 향을 집약해 만든 세계적인 와인 아로마 키트 '르 네 뒤
뱅Le nez du vin'을 개발한 프랑스 조향사 장 르느와르Jean Lenoir가 만든 커피 아로
마 키트로, 커피에서 접할 수 있는 서른여섯 가지 향을 집약해 작은 병에 액체 상
태로 담아 분류한 것이다. 국내에서 향미 훈련을 할 때 많이 사용되는 아로마 키
트 중 하나다.

익숙한 사물 활용법

아로마 키트를 사용해 기본적인 향미 분석 훈련을 진행했다면, 추가로 일상적인 사물과 대조하는 방식으로 미각 및 후각 훈련을 진행하는 것이 좋다. 아로마 키트로만 훈련하면 향미를 표현하는 방식이 키트의 서른여섯 가지 향에 국한될 수 있는데, 우리가 주변에서 자주 접하는 사물들과 비교해 향미를 습득하면 표현력의 범위가 더 넓어지고, 향미 발현 과정을 이해하는 데도 도움이 된다.

예를 들어 우리가 매일 먹는 밥을 떠올려 보자. 쌀에서 당도를 끌어낼 수 있는 조리법 중 하나가 누룽지를 만드는 것인데, 누룽지에서 느껴지는 단맛은 쌀이 지닌 고유의 단맛이 아니라 모든 식재료를 익히고 태우는 과정에서 발생하는 캐러멜화를 통해 생성된 것이다. 커피에 빗대면 살짝 오버 로스팅된 원두에 속한다. 누룽지에서 느낀 단맛과 커피에서 느낀 단맛을 비교하며 그 향미가 어떤 과정을 거쳐 발현되는지 쉽게 이해할 수 있다.

커피향미를 분석하는 과정에서 자신의 기억력을 최대한 끌어내 해당 커피의 향미와 비슷하다고 생각되는 익숙한 사물을 찾아 향미를 묘사하고 나면, 이후에는 업계에서 칼리브레이션이라고 부르는 과정을 거쳐 누구나 이해할 수 있는 언어로 향미를 객관적으로 표현하는 습관을 기른다.

커 핑 언 어

커피업계에서는 미각 및 후각 훈련을 통해 습득한 향미를 커핑 언어로 표현하고 설명한다. 커핑 언어는 커피의 특징과 향미를 명확한 단어로 묘사하고, 이를 바탕으로 국내외의 모든 커피업계 종사자들이 원활하게 의사소통할 수 있도록 규정한 언어다.

커핑 언어를 익힐 때는 영어 단어를 외울 때처럼 단순 암기하는 것보다 각 향미 요소와 함께 떠오르는 이미지를 일치시키며 습득한다. 그다음 커피체인에서 자신이 속한 분야에 따라 현장에서 주로 사용하는 용어를 터득해야 한다.

커핑 언어 규정

커피업계에서는 일정한 표와 도식을 이용해 커피향미를 분류하곤 하는데, 가장 대표적인 것이 SCA에서 만든 플레이버 휠flavor wheel이다. 전 세계 커퍼들은 톱니바퀴처럼 생긴 이 플레이버 휠을 바탕으로 커피향미를 설명하고 의견을 주고 받는다. SCA의 플레이버 휠에 소개된 향미가 일종의 공용화된 커핑 언어처럼 사용되기는 하지만, 필수 사항은 아니며 커피회사나 로스터리마다 자신만의 기준으로 커핑 언어를 정립하거나 독립된 플레이버 휠을 만들어 사용하기도 한다.

SCA 플레이버 휠

SCA 플레이버 휠 분석

약 20여 년 전에 SCAA^{Specialty Coffee Association of America}(미국스페셜티커피협회)*에
서 처음 발표한 플레이버 휠은 커피향미를 구조적으로 설명하고, 긍정적인 향미
와 부정적인 향미를 분석하는 지표로 커피업계에서 널리 활용되었다. 하지만 2016
년, 새롭게 바뀐 SCA 플레이버 휠이 등장하며 커피업계의 화두로 떠올랐다.

* SCAA : 지금은 SCAE(Specialty Coffee Association of Europe, 유럽스페셜티커피협회)와 통합되어 SCA로 명칭이 바뀌었다.

새로운 플레이버 휠

기존의 플레이버 휠이 향미의 발현 과정을 구조적으로 이해할 수 있도록 구성되었다면, 새로 개정된 플레이버 휠은 업계에서 자주 사용하는 용어를 제시하며 누구나 이해할 수 있는 명확한 표현으로 향미를 설명하는 데 중점을 두었다. 각 향미 요소를 카테고리별로 분류하는 것에 집중했으며, '센서리 렉시콘^{sensory lexicon}'이라는 연구 결과를 기반으로 비슷한 특징과 개연성을 가진 용어군을 같은 계열의 색으로 표시했다.

또한 최신 트렌드를 반영해 기존의 플레이버 휠에서 잘못된 배열이나 현장에서 사용하지 않는 용어도 수정했는데, 드라이 디스틸레이션^{dry distillation}* 계열로 잘못 분류되었던 '블랙 커런트^{black current-like}'를 없앤 것이 대표적인 예다.

* 드라이 디스틸레이션 : 로스팅 시 생두의 섬유질이 열에 반응해 생성되는 아로마.

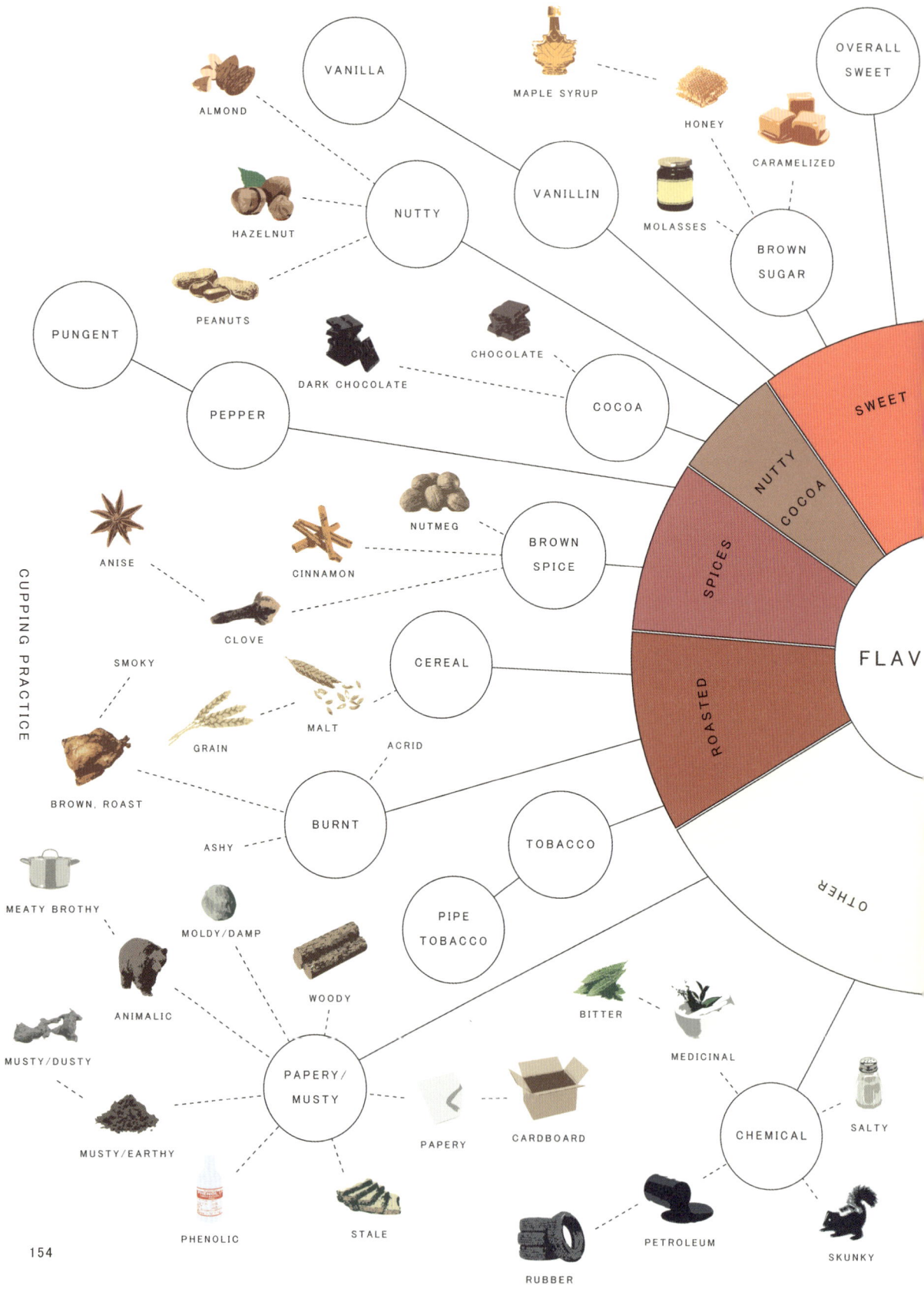

VANILLA

ALMOND

MAPLE SYRUP

OVERALL
SWEET

HONEY

CARAMELIZED

VANILLIN

NUTTY

HAZELNUT

MOLASSES

BROWN
SUGAR

PEANUTS

PUNGENT

CHOCOLATE

DARK CHOCOLATE

COCOA

PEPPER

SWEET

NUTTY

COCOA

SPICES

NUTMEG

BROWN
SPICE

ANISE

CINNAMON

FLAV

CLOVE

CEREAL

ROASTED

SMOKY

MALT

GRAIN

ACRID

BROWN, ROAST

BURNT

TOBACCO

ASHY

MEATY BROTHY

OTHER

MOLDY/DAMP

PIPE
TOBACCO

ANIMALIC

WOODY

BITTER

MUSTY/DUSTY

MEDICINAL

SALTY

PAPERY/
MUSTY

MUSTY/EARTHY

PAPERY

CARDBOARD

CHEMICAL

PETROLEUM

PHENOLIC

STALE

SKUNKY

RUBBER

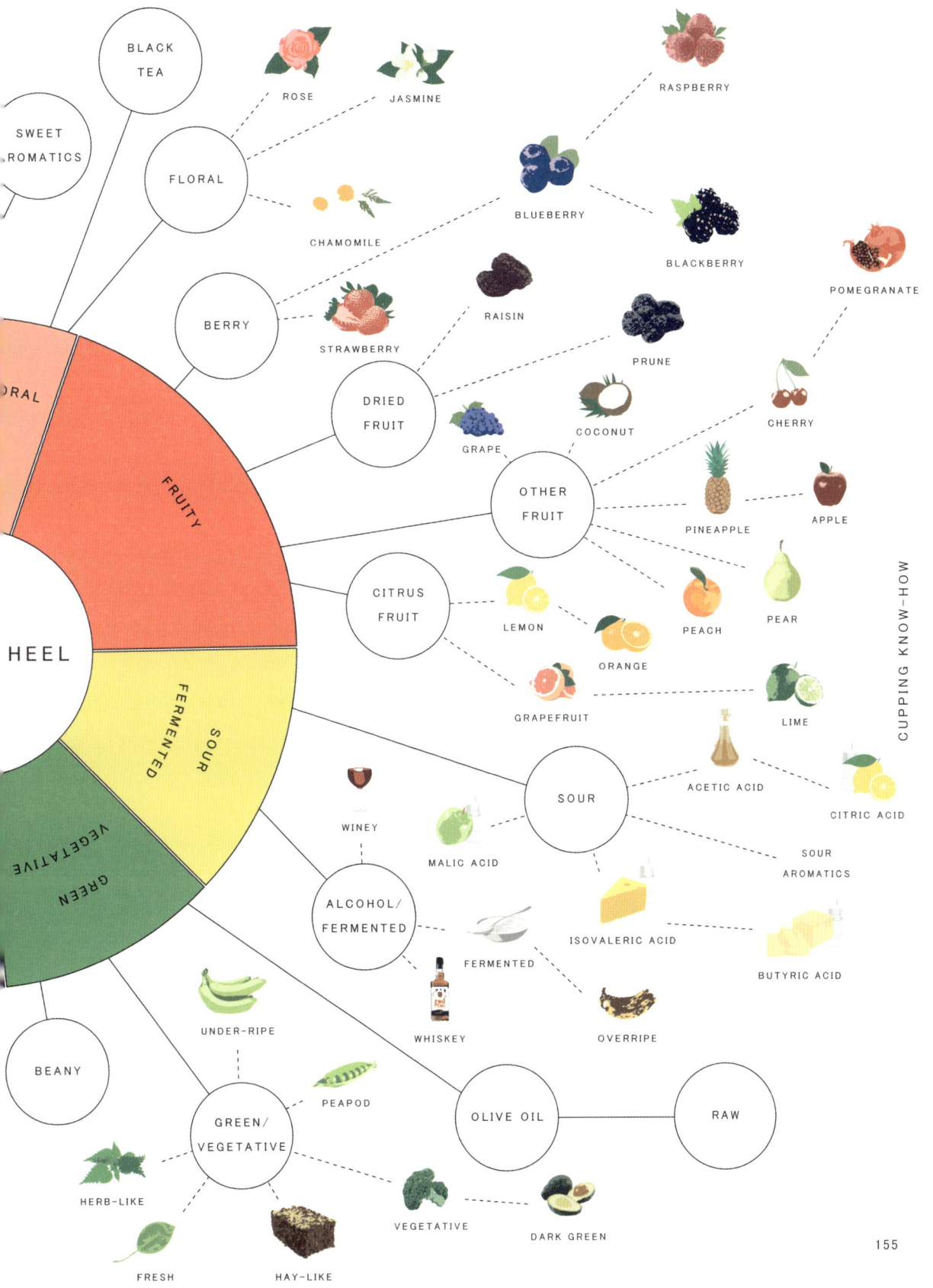

BLACK TEA

SWEET AROMATICS

ROSE

JASMINE

RASPBERRY

FLORAL

CHAMOMILE

BLUEBERRY

BLACKBERRY

POMEGRANATE

BERRY

STRAWBERRY

RAISIN

PRUNE

DRIED FRUIT

GRAPE

COCONUT

CHERRY

ORAL

FRUITY

OTHER FRUIT

PINEAPPLE

APPLE

CITRUS FRUIT

LEMON

PEACH

PEAR

HEEL

ORANGE

SOUR FERMENTED

GRAPEFRUIT

LIME

SOUR

ACETIC ACID

CITRIC ACID

WINEY

MALIC ACID

SOUR AROMATICS

GREEN VEGETATIVE

ALCOHOL/ FERMENTED

ISOVALERIC ACID

FERMENTED

BUTYRIC ACID

UNDER-RIPE

WHISKEY

OVERRIPE

BEANY

PEAPOD

GREEN/ VEGETATIVE

OLIVE OIL

RAW

HERB-LIKE

VEGETATIVE

DARK GREEN

FRESH

HAY-LIKE

CUPPING KNOW-HOW

커 핑 도 구

미각 및 후각 훈련을 통해 향미를 구분하는 법을 터득하고, 이를 커핑 언어
로 표현할 줄 안다면 커핑을 위한 기본 지식은 어느 정도 갖춘 셈이다. 이제
본격적인 커핑 실습을 위해 필요한 준비물을 소개한다.

원두

일정한 기준에 맞춰

로스팅한 원두whole bean.

그라인더

원두를 일정한 크기로

분쇄하기 위한 도구.

커핑 볼cupping bowl / **커핑 컵**cupping cup

분쇄원두를 담아 커핑을 진행하는 6~8온스(oz) 용량의 컵으로,

도자기로 된 그릇 모양의 커핑 볼이나 유리잔 형태의 커핑 컵을 많이 사용한다.

저울

준비된 원두의 양을

측정하고 일정하게 맞추기 위한 도구.

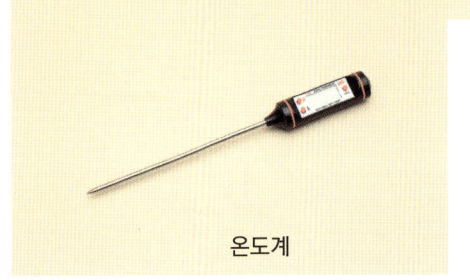

온도계

커핑에 사용할 물의

정확한 온도를 측정하기 위한 도구.

전기 포트

커핑에 사용할 물을 끓이기 위한 도구.

온수기나 온수가 나오는 에스프레소 머신이 있으면

뜨거운 물을 받아서 사용해도 무관하다.

주전자

커핑 컵에 담긴 분쇄원두 위에 물을 붓기 위한 도구로,

드립 포트drip pot나 물을 끓인 전기 포트를 그대로 사용해도 된다.

커핑할 컵의 수가 많다면 물을 여러 번 옮겨 담아 온도가 변할 수 있는

작은 주전자 대신 큰 주전자를 이용하는 편이 좋다.

초시계

분쇄원두에 물을 부은 후 아로마를 맡거나 맛을 보는 등

커핑의 단계별로 일정한 시간 간격을 측정하기 위한 도구.

커핑 스푼

커핑에 사용되는 스푼으로,

일반 스푼보다 크고 둥글며 깊이가 깊은 형태로 되어 있다.

머그잔

커핑할 때 커핑 스푼을 헹궈낼 물을 담는 용도로 준비한 컵으로,

스푼의 절반이 물에 잠길 정도의 높이면 어떤 컵이든 상관없다.

종이컵

커핑할 때 입에 머금은 커피를 뱉을 때 사용하는 용도로,

종종 커피를 뱉지 않고 진행하는 경우도 있으므로 필요에 따라 준비한다.

냅킨

커핑 스푼에 묻은 물기를 털어내기 위해 준비한다.

필기구

커핑 폼에 기록할 연필이나 펜.

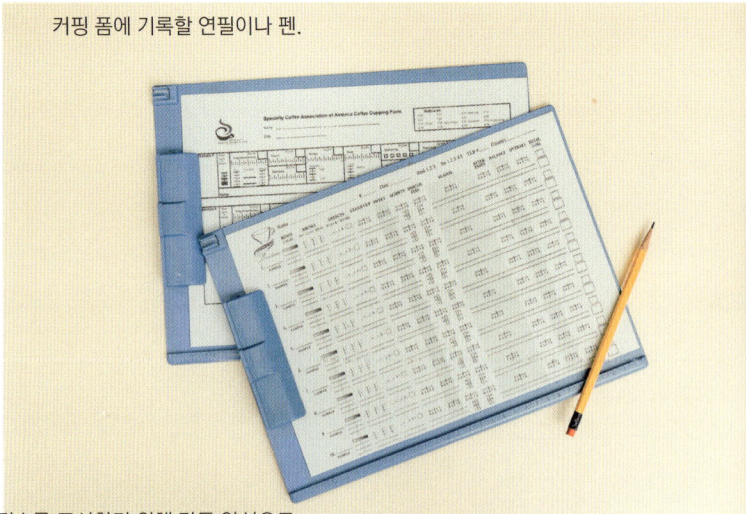

커핑 폼

커핑하면서 느낀 향미를 기록하거나 점수를 표시하기 위해 만든 양식으로,

규격화된 형식이 있지만 때에 따라 빈 종이에 자유롭게 메모하기도 한다.

커 핑 절 차

커핑 과정은 개인과 회사마다 조금씩 차이가 있지만, 통용되는 평가 기준 중
하나인 SCA의 프로토콜protocol을 통해 기본 절차를 살펴본다. 커핑은 커피샘
플이 식을 때까지 지속하며, 시간은 약 50분 정도 소요된다.

커핑 과정

① 기준에 맞게 로스팅된 원두* 8.25g(물 150㎖ 기준. 200㎖ 용량의 커핑 볼을 사용할 시 원

두량은 13.7g)을 계량해 준비한 커핑 컵에 담는다. 원두의 상태가 전부 균일하지 않을 수 있다

는 점을 고려해 커피샘플당 네다섯 컵 정도를 평가한다.

분쇄grinding

② 원두는 일반 브루잉 커피용보다 살짝 굵게 갈아 프래그런스fragrance*를 맡는다.

원두 분쇄 후 물을 붓기 전까지 걸리는 시간은 15분을 넘지 않도록 유의한다.

물 붓기|pouring

③ 분쇄원두에 93℃ 정도의 물 150㎖(원두 8.25g 기준. 13.7g의 원두는 물 200㎖)를 부어

골고루 적신다.

크러스트 브레이크crust break

④ 물을 붓고 3~5분 정도 후에 커피 크러스트crust*를 커핑 스푼으로 깨면서 아로마를 맡는다.

* 프래그런스 : 드라이 아로마.

* 크러스트 : 커핑 시 분쇄원두에 뜨거운 물을 부었을 때 떠오르는 커피가루.

스키밍

⑤ 커핑 스푼으로 크러스트와 거품을 걷어낸다.

⑥ 물을 부은 지 8~10분이 지나면 커핑 스푼으로 커피를 떠, 커피분자를 최대한 미세하게 만들기 위해 입으로 커피를 세게 빨아들여 입안의 감각 세포가 향미를 잘 감지할 수 있도록 슬러핑 slurping하며 맛을 본다. 커피가 식어감에 따라 계속 맛을 보고 산미와 바디, 클린컵 등의 항목을 양식에 맞춰 평가한다.

⑦ 커피샘플의 최종 점수를 매긴다.

커핑 테이블 세팅법

CoE 커핑 테이블 세팅법

커피샘플마다 총 네 개의 커핑 컵을 준비해 테이블 양쪽에 두 개씩 둔다.

SCA 커핑 테이블 세팅법

커피샘플마다 총 다섯 개의 커핑 컵을 준비해 테이블 한쪽에 배치한다.

커핑 폼

커핑 폼은 커피샘플을 평가하는 도구이자 QC의 기준으로 활용된다. 커피산지에서 커핑할 때는 커핑 폼에 기록한 점수가 생두의 거래 가격을 정하는 데 큰 영향을 미치기도 한다.

하지만 사람마다 커핑의 목적이 다르고 회사별 평가 기준이 다른 만큼 커핑 폼의 양식도 천차만별이다. 커피샘플을 평가하는 항목도 커핑 폼마다 조금씩 다른데, 흔히 사용하는 CoE와 SCA 커핑 폼을 바탕으로 기본적인 평가 항목을 살펴보고자 한다.

커핑 폼을 작성할 때는 항목별로 점수를 매겨 커피샘플을 평가하는 동시에 자신이 느낀 향미를 커핑 언어로 기록한다.

▫ 로스트 레벨roast level : 원두의 로스팅 상태(아그트론 넘버 58~63)를 확인한다.

▫ 프래그런스/아로마 : 먼저 프래그런스를 확인한 후, 크러스트나 크러스트 브레이크 작업을 통해 아로마를 평가한다. 이때 향의 강도는 수직 항목에, 질적인 평가는 수평 항목에 기록한다.

▫ 클린컵 : 클린컵은 커피에 잡미와 같은 방해 요소가 있는지 확인하는 항목이다.

▫ 스위트니스sweetness : 커피의 단맛을 평가하는 항목으로, 액시디티acidity, 바디, 플레이버flavor, 애프터테이스트 등 다른 항목에 긍정적인 영향을 미치는 요소다.

▫ 액시디티 : 커피의 산미를 평가하는 항목으로 산미만 강하게 나는 것보다 단맛이 함께 어우러진 것을 좋은 산미로 평가한다. 산미의 강도와 질적인 평가를 기록한다.

▫ 바디/마우스필 : 바디와 마우스필은 입안에서 느껴지는 커피의 촉감을 평가하는 항목이다. 혀를 굴렸을 때 느껴지는 액체의 저항성이나 커피를 마시고 입안에 남은 물리적인 느낌을 의미하는 애프터필after-feel도 함께 확인하면서 그 강도와 질적인 평가를 기록한다.

▫ 플레이버 : 커피의 복합적인 향미를 평가하는 항목이다. 향과 맛의 모든 요소가 플레이버에 영향을 미치기 때문에 가장 기본적이면서도 복잡한 항목이라 볼 수 있다. 다양하고 풍부한 향미를 지닌 커피가 좋은 평가를 받는다.

▫ 애프터테이스트 : 플레이버 평가와 연관된 항목으로, 커피를 목으로 넘긴 후 입안에 남은 향미의 여운을 평가한다. 뒷맛이 깔끔하거나 긍정적인 향미가 끝까지 지속되면 좋은 점수를 기록한다.

▫ 밸런스 : 각 향미 요소들이 서로 조화를 이루는지 평가하는 항목이다. 향미가 한쪽으로 치우치지 않는 것이 중요한데, 이때 스위트니스가 전체적인 균형을 잡는 역할을 한다.

▫ 유니포미티uniformity : 준비한 모든 컵에서 향미가 동일하게 나타나는지를 확인하는 항목이다. 커핑 폼에 따라 기록하지 않는 경우도 있다.

▫ 오버롤overall : 커핑에 참여한 사람이 해당 커피샘플에서 느낀 주관적인 점수를 기록하는 항목이다. 전체 평가 항목의 평균적인 점수를 반영하여 수평 척도에 기록한다.

▫ 디펙트 : 향미 결함을 의미하는 디펙트는 주로 과발효나 화학적인 문제로 인해 발생하는 경우가 많다. 준비된 커피샘플 가운데 결함이 발견된 컵의 수에 디펙트의 강도를 곱히 총점에서 감점하는 형식으로 평가한다. 일반적으로 테인트taint는 약하게 느껴지는 결점을 의미하고, 폴트fault는 결점의 강도가 비교적 강한 편이다.

CoE와 SCA 커핑 폼의 차이

CoE와 SCA의 커핑 폼은 좋은 커피를 찾고, 그 가치를 평가한다는 전제 조건은 같다. 다만 CoE는 생두 대회와 경매를 위해 순위를 매겨 생두를 거래하려는 의도가 담겨 있고, SCA는 스페셜티 커피를 가려내기 위해 만든 커핑 폼이라는 점에서 조금은 다른 목적성을 띄고 있다. 이에 따라 커핑 폼의 일부 항목에서도 차이를 보이는데, 기본적으로는 항목당 6~7점을 기본 점수로 여기고 향미의 퀄리티에 따라 점수를 가감한다.

기본 점수

▫ CoE 커핑 폼

① 항목별로 0~8점까지 점수를 매긴다.

② 6~8점 사이에는 0.5점 단위로 점수를 줄 수 있다.

③ 총점의 기본 점수는 36점에서 시작하며 최고점은 100점이다.

CoE 커핑 폼

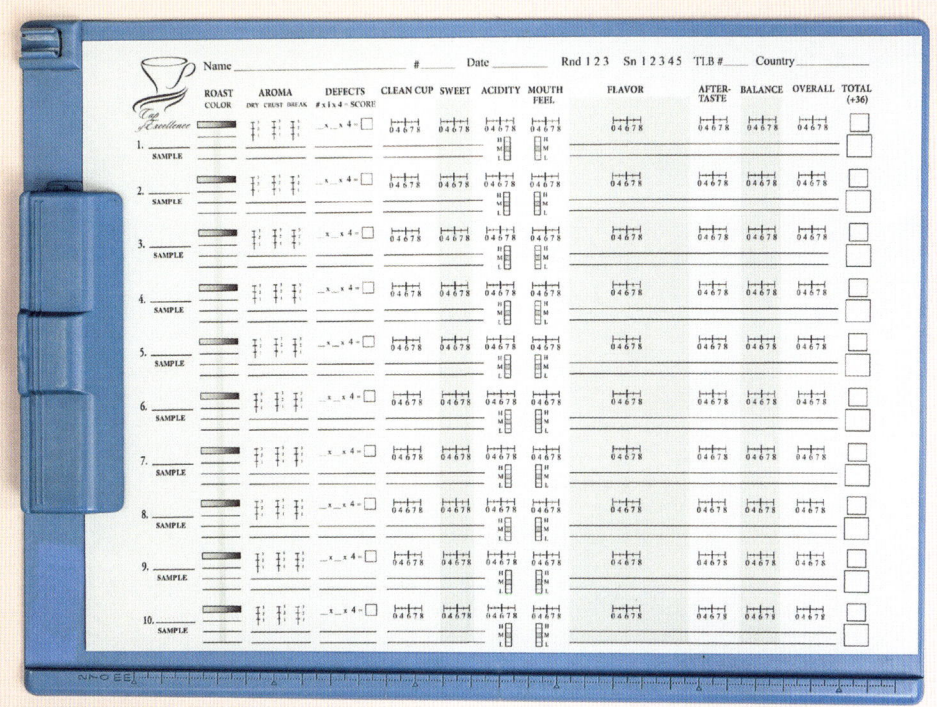

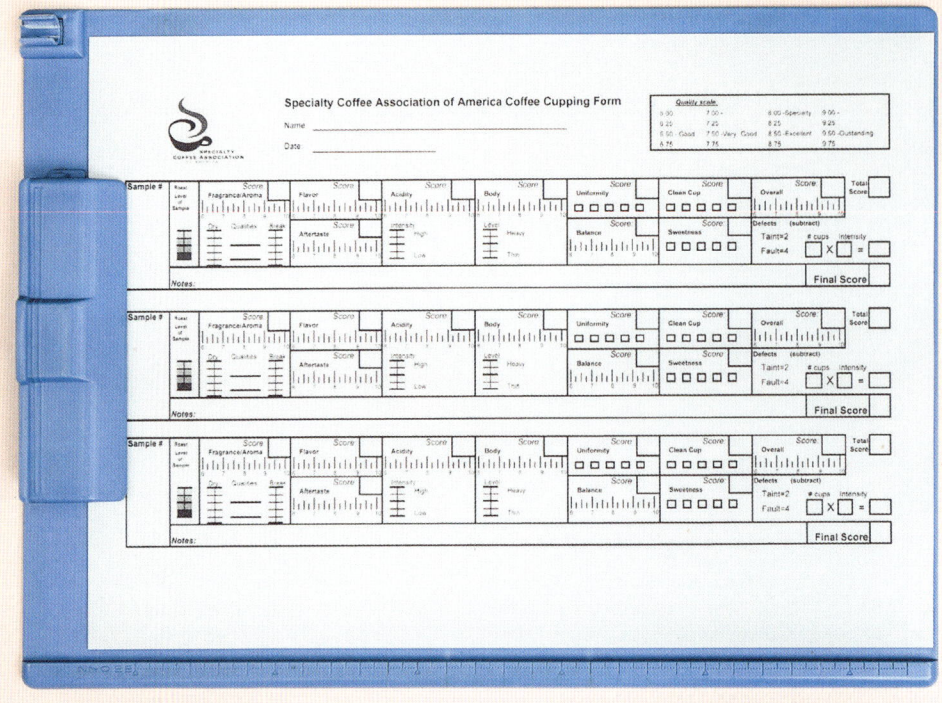

SCA 커핑 폼

▫ SCA 커핑 폼

① 항목별로 0~10점까지 점수를 매기지만, 스페셜티 커피를 평가하는 양식인 만큼 5점 이하의

점수는 사실상 표기하지 않는다.

② 6~10점 사이에는 0.25점 단위로 점수를 줄 수 있다.

③ 총점의 기본 점수는 없고 최고점은 100점이다.

프래그런스와 아로마

SCA와는 다르게 CoE에서는 프래그런스와 아로마 항목에 점수를 주지 않고, 강도만 표시한다.

커피향미 평가는 복합적인 플레이버를 중심으로 진행되어야 하는데, 아로마나 프래그런스에 점

수를 부여하면 단순히 향만 좋은 커피가 좋은 커피로 평가될 가능성이 있기 때문이다.

자체 제작 커핑 폼

나무사이로 커피Namusairo Coffee의 커핑 폼

나무사이로 커피의 RQC^{Roasting Quality Control} 폼은 로스팅 작업을 기반으로 한 커핑에 사용하는데, 로스팅의 개선점을 찾아 완성도 높은 커피를 만들기 위해 고안한 것이다. 여러 커피샘플을 모아 커핑할 때는 블라인드 테스트로 진행한 후 마지막에 어떤 커피인지 공개하는 방식으로 운영한다.

▫ 커핑 과정

① 커핑 컵마다 원두는 12g(분쇄 후 11.7~8g)씩 준비해 일반 브루잉 커피용보다 약간 가늘게 갈아(커핑에 소요되는 시간이 길어 분쇄도는 가늘게 조절한다) 프래그런스를 맡는다.

② 분쇄원두에 92℃ 정도의 물 150ml를 부어 골고루 적신다.

③ 물을 붓고 2분 정도 후에 아로마를 맡는다.

④ 물을 부은 지 4분 정도 후에 크러스트 브레이크를 하며 다시 아로마를 맡고, 6분 후에는 크러스트와 거품을 커핑 스푼으로 걷어낸다.

⑤ 물을 부은 지 10~30분 후까지 맛을 본다. 커피가 식은 후에도 계속 맛을 보며 향미와 감촉, 뉘앙스를 평가한다. 이때 감촉은 바디, 마우스필, 애프터테이스트까지 혼재되어 있는 항목이며, 뉘앙스는 지극히 주관적인 관점에서 커피샘플을 평가하는 항목이다.

▫ 평가

RQC 폼은 점수를 표기하지 않고 X, O, ☆로 나누어 커핑 시 느낀 즉각적인 반응에 따라 좋지 않으면 X, 괜찮으면 O, 좋으면 ☆로 표시한다. 특히 X로 기록된 부분은 로스팅의 개선점을 의논할 때 중요한 참고 사항이 된다. RQC의 가장 특이한 점은 물을 부은 시점부터 시간을 세세하게 구분해 항목을 나눴다는 점이다. 시간이 지남에 따라 커피향미도 조금씩 변하는데, 커핑하는 동안 그 변화를 세심히 관찰해 정확하게 평가하기 위해서다. 함께 커핑에 참여한 사람들과 동시간에 느낀 것에 대해 이야기하려는 이유도 있다. 이를 위해 각 칸에 분명한 커핑 언어를 기록한다. 40~60분 정도 소요되는 나무사이로 커피의 커핑은 일반 커핑 과정보다 시간이 오래 걸리는 편이다.

나무사이로 Roasting Quality Control　　일시　　　　날씨　　　　함께한 이　　　　기억할만한 상황

커피이름	1	2	3	4	5	6	7	8
가공 분류 등 급 년 도								
로스팅일 1C out								
향	x●★	x●★	x●★	x●★	x●★	x●★	x●★	x●★
분쇄커피								
젖은커피	2:00	2:15	2:30	2:45	3:00	3:15	3:30	3:45
브레이크	4:00	4:15	4:30	4:45	5:00	5:15	5:30	5:45
1차 맛보기	@ 10:00	@ 10:30	@ 11:00	@ 11:30	@ 12:00	@ 12:30	@ 13:00	@ 13:30
향미								
감촉								
뉘앙스								
2차 맛보기	@ 14:00	@ 14:30	@ 15:00	@ 15:30	@ 16:00	@ 16:30	@ 17:00	@ 17:30
향미								
감촉								
뉘앙스								
3차 맛보기	@ 18:00	@ 18:30	@ 19:00	@ 19:30	@ 20:00	@ 20:30	@ 21:00	@ 21:30
향미								
감촉								
뉘앙스								
평가하며								
개선할 점								

나무사이로 커피의 RQC 폼

커핑 노트

커핑 폼 이외에 편의를 위해 제작된 커핑 노트를 사용하는 곳도 있다. 커핑 노트는 간단한 커핑 방법과 더불어 샘플 로스팅의 기준이 기재되어 있고, 각자가 경험한 로스팅과 커핑 데이터를 축적하기에 용이하도록 구성된 경우가 많다.

로스터나 바리스타는 향미 평가 항목을 품질과 강도로 나눠 체크하고, 로스팅 그래프도 기록하며 그날의 로스팅과 추출된 커피에서 받은 느낌을 자유롭게 작성하는 등 자신만의 기록을 남긴다.

PART

08.

PUBLIC

CUPPING

퍼블릭 커핑

CUPPING

KNOW-HOW

목 적

커피를 소비하는 주체는 일반 소비자들이기에, 최근 로스터리나 생두 회사
에서는 이들을 대상으로 정기적, 또는 비정기적으로 퍼블릭 커핑^{public cupping}
을 운영한다. 퍼블릭 커핑은 말 그대로 누구나 참여할 수 있는 커핑으로, 주
최 측은 소비자들에게 자신들이 사용하는 커피를 소개하거나 커피에 대한
전반적인 지식을 전하며 커피향미를 섬세히 느끼도록 이끈다.
참가자들은 향미 감별 능력을 키우고, 다양한 커피를 경험하기 위해 퍼블릭
커핑을 찾는다. 때로는 단순한 호기심에 참가하기도 한다. 하지만 참가 이유
를 막론하고 커피를 좋아한다는 점은 누구 하나 다르지 않다.

퍼블릭 커핑을 운영하는 취지
• 소비자를 위한 커피교육 및 고객 서비스 차원 • 해당 커피에 대한 시장 반응 조사 • CoE와 같은 생두 경매에서 낙찰받은 커피나 해외에서 들여온 커피시음 • 원두 홍보

소통의 장

퍼블릭 커핑은 커피전문가, 비전문가 상관없이 누구나 참가할 수 있는 만큼 커피 지식에 대한 참가자들의 수준이 다르기 때문에 뚜렷한 목적을 이루기 위해 진행되는 것은 아니다. 그저 편하게 커핑 테이블에 둘러서서 커피샘플을 맛보고, 자신의 감상을 나누며 커피에 대한 여러 이야기를 주고받는 장으로 활용된다.

실제 퍼블릭 커핑
사례

퍼블릭 커핑을 운영하는 곳마다 커핑을 준비하는 방식은 다르지만, 대체로 SCA의 기본 프로토콜을 따른다. 단 커피샘플의 균일성을 확인하는 부분은 약식으로 진행해 커피샘플마다 세 컵 정도만 평가한다. 커핑에 사용할 커피 리스트는 사전에 공개하는데, 편견을 없애기 위해 커피샘플의 순서는 커핑이 다 끝난 후 공개하는 경우가 많다.

기본적으로 참가자와 진행자는 순서대로 준비된 커피샘플의 프래그런스와 아로마를 맡고 맛을 본다. 이후 구체적인 커핑 언어를 사용해 향미를 표현하거나, 자신의 입맛에 잘 맞았던 커피를 기준으로 개인의 선호에 어떤 부분이 영향을 끼쳤는지 이야기한다.

루소랩Lusso Lab의

퍼블릭 커핑

퍼블릭 커핑 진행 과정

루소랩의 퍼블릭 커핑은 소비자를 위한 커피교육 서비스의 일환으로 운영되며 매번 클래스를 무료로 진행해 참가자들의 수요가 높다. 교육을 목적으로 진행하는 만큼 참가자가 원두 분쇄부터 물 붓기, 크러스트 브레이크, 크러스트를 제거하는 스키밍과 같은 커핑의 전 과정을 경험하도록 이끈다. 평가 결과는 퍼블릭 커핑을 위해 따로 제작한 커핑 폼에 기록하며, 커핑 폼 뒷장에는 커핑 언어에 대한 가이드도 제시해 초보자의 이해를 돕는다.

커핑 폼

크게 아로마와 플레이버, 산미, 바디로 나눠 평가하도록 만들었다. 참가자들은 커핑하며 느낀 점을 각 항목에 기록하고, 바디의 경우는 라이트light, 미디엄medium, 헤비heavy로 나눠 표현한다. 커핑 언어로 표현하는 것이 익숙하지 않은 참가자들은 커핑 폼 뒷장에 함께 제공된 향미 가이드를 참고해 기록하면 된다. 커핑이 끝나면 참가자들이 한데 모여 각자의 감상을 주고받는다.

루소랩의 퍼블릭 커핑에서 사용하는 커핑 폼

LUSSO LAB

PUBLIC CUPPING

DATE : 2017. 2. 8. PM 7:00 / LOCATION : 루소랩 정동점 / NUMBERS : 4명

COFFEE TOPIC : 에티오피아 지역별 커피 비교

COFFEE LIST :

No. 1 에피오피아 구지 함벨라 G1 워시드Ethiopia Guji Hambella G1 Washed

No. 2 에티오피아 게라 에스테이트 G1 워시드Ethiopia Gera Estate G1 Washed

No. 3 에티오피아 예가체프 하푸사 하로 G1 워시드Ethiopia Yirgacheffe Hafusa Haro G1 Washed

No. 4 에티오피아 예가체프 게데오 G1 워시드Ethiopia Yirgacheffe Gedeo G1 Washed

REASON FOR PARTICIPATION

A : 평소 커피를 좋아하고, 카페 투어도 즐기는 편이다. 하지만 정작 커피에 대해서는 모르는 것이 많다는 걸 느꼈고 커피맛에 대한 개념을 알기 위해 커피를 배우며 여러 퍼블릭 커핑에 참가하고 있다.

B : 커피를 정말 좋아한다.

C : 커피에 관심이 많아 여러 곳에서 진행하는 퍼블릭 커핑을 찾아다닌다. 퍼블릭 커핑을 통해 세상에는 맛있는 커피가 많다는 것을 깨달았고, 커피에 더 푹 빠지게 되었다. 커핑으로 맛을 표현하는 법을 알고 나니 나 자신이 좋아하는 커피에 대한 정의가 내려진 것 같다.

D : 카페에서 일을 하고 있는 바리스타다. 직업으로서 커피를 다루다 보니, 결국 많이 먹어본 사람에게 이점이 있는 것 같아서 퍼블릭 커핑을 비롯한 여러 커피모임에 참석하고 있다.

EVALUATION OF PARTICIPANTS

A : 1번은 아로마에서 포도와 자두plum의 뉘앙스를 느꼈고, 단맛도 좋았다. 2번은 과일 향미가 강했고, 밝은 톤의 산미가 마음에 들었다. 3번의 프래그런스는 무언가 혀를 찌르는 듯한 느낌이었지만, 맛을 보면서 포도나 부드러운 고구마 같은 향미가 느껴졌으며, 4번에서는 2번과 비슷한 산미가 느껴졌다.

B : 네 가지 커피 모두 전체적인 뉘앙스는 비슷했다. 1번에서는 자몽grapefruit, 복숭아peach의 산미를 느꼈지만, 애프터테이스트에서는 약간 부정적인 뉘앙스가 있었다. 2

번과 3번이 지역이 같은 커피라 생각했는데, 자몽의 산미와 부드러운 초콜릿, 군밤의 단맛이 공통적이었다. 4번은 포도 주스와 흡사한 향미였는데, 젖은 박스에서 나는 향이 함께 올라와 조금 아쉬웠다.

C : 1번의 프래그런스는 플로럴, 구운 아몬드almond, 망고mango를 비롯한 베리류의 과일향이 살짝 느껴졌다. 아로마에서는 부드러운 바닐라vanilla와 허브티herb tea의 향미가 났고, 커피가 다 식은 후에도 포도와 살구apricot처럼 잘 익은 과일의 단맛이 좋았다. 2번에서는 플로럴과 프루티 계열의 복합적인 향미가 많이 느껴졌고, 바디는 가벼웠다. 3번은 프래그런스에서 캐러멜과 구운 빵 느낌의 향이 인상적이었고, 맛을 볼 때는 향에서 느껴지지 않았던 플로럴 향미가 올라왔다. 개인적으로 가장 마음에 들었던 4번은 너트nut와 스파이시 향미가 독특했고, 과일 사탕이나 망고, 베리류의 단맛과 밸런스가 좋았다.

D : 1번은 포도 향미가 강했고, 네 가지 커피 중 산미와 바디가 제일 강하게 느껴졌다. 2번이 개인적인 취향에 잘 맞았는데, 과일 사탕과 비슷한 아로마가 느껴졌고, 클린컵이 좋았다. 3번은 너트류의 향과 허브티의 뉘앙스가 있었으며, 4번은 초콜릿의 단향이 강했고, 바디나 산미는 네 가지 커피 중 가장 약했다.

REVIEW

네 가지 커피샘플 모두 에티오피아에서 나온 커피인 만큼 참가자들의 커핑 폼에 적힌 내용은 산뜻한 과일 향미가 지배적이었다. 이에 오히려 에티오피아 내 지역별 향미의 경향성을 확실하게 구분하기 어려웠다는 평이 많았다.

한편 같은 지역의 커피지만, 워싱 스테이션washing station*만 다른 두 커피(3, 4번)는 향미가 비슷할 것이라는 예상과 달리 참가자들이 느끼는 향미의 뉘앙스 차이가 가장 컸다.

---

* 워싱 스테이션 : 커피체리를 가공하는 장소로, 주로 물을 이용하는 펄핑 과정이나 세척, 발효 등의 가공이 진행되는 곳이다.

자이언트 커피 로스터스Giant Coffee Roasters의

퍼블릭 커핑

퍼블릭 커핑 진행 과정

자이언트 커피 로스터스는 커핑이나 기타 커피모임에 목마른 지역
민들을 위해 퍼블릭 커핑을 시작했다. 진행자가 원두 분쇄, 물 붓기
나 스키밍 등의 기본 세팅을 담당하고 참가자는 아로마를 맡고 맛을
보는 정도로 참여한다.

커핑 폼을 따로 두지 않아 참가자들은 커피에서 느낀 자신의 감상을
편하게 이야기한다. 커핑이 끝난 후에는 해당 커피샘플을 브루잉 커
피로 추출해 시음하며 커핑 때와 뉘앙스가 어떻게 다른지 비교한다.
자이언트 커피 로스터스는 로스터리의 성격이 강한데, 퍼블릭 커핑
이 기존 거래처나 신규 거래를 위한 피드백을 주고받는 장소로도 활
용될 때가 많아, 추후 참가자들이 참고할 수 있도록 각 커피샘플의
생두 구매처와 단가를 공개하기도 한다.

GIANT COFFEE ROASTERS
PUBLIC CUPPING

DATE : 2017. 2. 3. PM 7:30 / LOCATION : 103 커피 룸 / NUMBERS : 8명

COFFEE TOPIC : 특별한 주제 없음

BREWING COFFEE TOOL : 하리오 V60

COFFEE LIST :

No. 1 코스타리카 산 마테오 허니Costa Rica San Mateo Honey

No. 2 케냐 무랑가 리에고 가투부 AB TOPKenya Muranga Lyego Gatubu AB TOP

No. 3 과테말라 엘 바르탈 워시드Guatemala El Barretal Washed

No. 4 과테말라 우에우에테낭고 우이속Guatemala Huehuetenango Huixoc

EVALUATION OF PARTICIPANTS

A : 전체적으로 3번 커피가 가장 좋았다. 1번과 4번도 괜찮았는데, 4번은 좋은 산미를 지녔지만 애프터테이스트가 쭉 이어지지 않고 끊기는 느낌이라 아쉬웠다.

B : 1번이 식어도 향미의 뉘앙스가 안정적이어서 좋았다. 2번은 식으면서 산미가 너무 도드라지는 느낌이 들었고 3, 4번은 무난했다.

C : 2, 3번이 좋았고, 4번은 개인적으로 선호하지 않는 향미의 커피였다.

D : 프래그런스는 2번이 좋았는데, 맛을 보고 난 후에는 1번이 더 마음에 들었다.

E : 커핑을 처음 해봤다. 전체적으로는 3번의 향미가 무난했지만, 개인적으로 돈을 주고 사서 마실 커피를 고르라고 한다면 4번에 손이 간다. 같은 커피를 맛봐도 사람마다 느끼는 바가 다르다는 점이 놀랍다.

F : 1, 2번은 편하게 마실 수 있는 커피인 것 같다. 3번은 마지막에 쓴맛이 도드라졌고, 4번은 시간이 지날수록 맛이 밍밍하다고 생각했다.

G : 나 역시 퍼블릭 커핑에 처음 참가하는데, 친구를 따라 왔다. 2번의 상큼한 향과 산미가 내 취향에 잘 맞는다. 1번에서는 달인 배즙의 향이 났는데, 개인적으로는 그 향을 좋아하지 않는다.

H : 1번이 산미와 단맛의 균형감과 더불어 크림 같은 바디가 느껴져서 좋았다. 2번은 산뜻하게 마시기 솔을 것 같고, 3번은 애프터테이스트에서 과자 조리풍 같은 향이 났다. 4번 커피는 큰 임팩트가 없었다.

GIANT COFFEE ROASTERS'S CUP NOTE

No. 1 코스타리카 산 마테오 허니 : 포도, 꿀, 캐러멜

No. 2 케냐 무랑가 리에고 가투부 AB TOP : 초콜릿, 바닐라, 캐러멜

No. 3 과테말라 엘 바르탈 워시드 : 허브티, 마카다미아macadamia, 초콜릿

No. 4 과테말라 우에우에테닝고 우이속 : 오렌지, 호두walnut, 초콜릿

REVIEW

자이언트 커피 로스터스의 퍼블릭 커핑은 오랫동안 꾸준히 참가해 온 사람이 많아 친숙한 분위기 속에 진행되었다. 참가자들은 전반적으로 산미와 애프터테이스트가 좋은 1번과 2번 커피에 높은 선호도를 보였다. 하지만 하리오 V60로 추출한 브루잉 커피로 시음한 다음에는 기존 의견에서 조금 달라진 감상을 전했는데, 커핑에서는 특별한 임팩트가 없어 큰 호응을 받지 못했던 4번 커피의 플레이버가 브루잉 커피에서는 가장 긍정적인 반응을 얻었다.

PART

09.

BUSINESS

CUPPING

비즈니스 커핑

CUPPING

KNOW-HOW

목적

누구나 편하게 와서 즐기는 퍼블릭 커핑과 달리 비즈니스 커핑business cupping 은 카페 오너나 로스터리를 운영하는 로스터처럼 실제 생두를 구매해서 사용하는 사람들을 대상으로 진행된다. 신청 자격에 따로 제한을 두지는 않지만, 커핑을 운영하는 곳의 거래처나 잠재 거래처에게 우선적으로 커핑 일정을 알리는 비공개 커핑이 대부분이다.

주로 생두 회사나 커피산지와 다이렉트 트레이드를 하는 로스터리에서 비즈니스 커핑을 운영하는 경우가 많으며, 이때는 준비된 커피샘플을 맛보고 비즈니스 특가가 적용된 생두를 현장에서 바로 구매할 수 있다는 것이 장점이다. 때로는 여러 업체가 협업하여 이벤트 형식의 비즈니스 커핑을 진행하기도 한다.

실질적인 정보 교류의 장

생두 회사는 기존 고객들의 구매 성향과 니즈를 파악해 비즈니스 커핑을 기획한다. 이때는 아직 시장에 선보이지 않은 생두를 미리 공개하거나 그해 새로 들어온 생두인 뉴 크롭new crop을 선보이기도 한다. 이를 통해 비즈니스 커핑에 참가한 사람들은 누구보다 먼저 좋은 생두를 특가로 선점할 기회를 얻는다. 이 과정에서 참가자는 현장에 있는 영업 사원과 일대일로 대화하며 해당 커피샘플에 대한 로스팅 프로파일이나 추출 방식을 논의하고, 산지의 최신 이슈나 작황 소식을 주고받으며 한 해의 사업 운영 계획을 세우기도 한다.

다음 거래를 위한 자료 수집

비즈니스 커핑 이후 생두 회사는 참가자들의 피드백을 받아 내부적인 데이터를 구축해 컵 노트cup note를 작성하거나 생두 영업을 할 때 다른 고객들에게 커핑 결과를 참고 자료로 제시한다. 당일 커핑에 참석한 참가자들 가운데 미거래 업체가 있다면 새로운 고객으로 유치하기 위해 그들의 선호도를 따로 기록해 저장해두기도 한다.

실제 비즈니스
커핑 사례

비즈니스 커핑은 주로 뉴 크롭이나 경매를 통해 들어온 생두 등 고품질의 커피샘플로 구성된다. 하지만 때로는 대형 로스팅 업체를 위해 가격과 수급이 안정적인 생두로 커머셜 비즈니스 커핑을 진행하기도 한다.

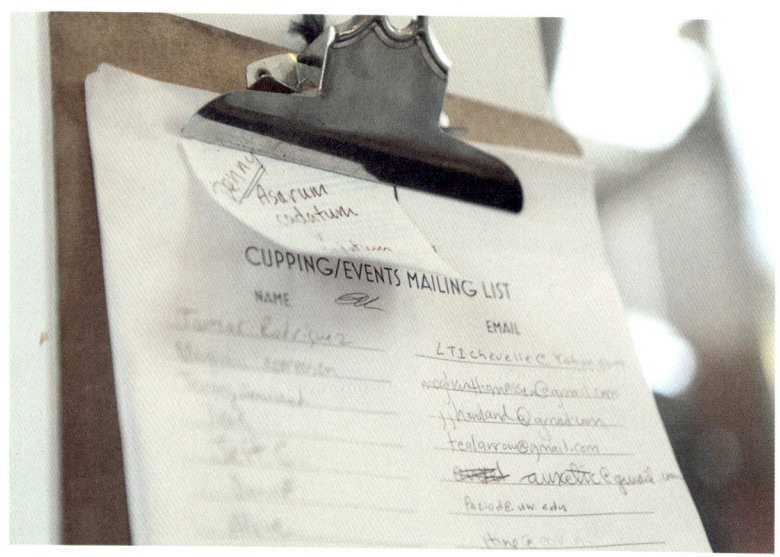

지에스씨인터내셔널GSC International의

비즈니스 커핑

지에스씨인터내셔널은 고객사인 단골 커피Dangol Coffee, 브레드 피트 Bread Fit와의 콜라보레이션으로 비즈니스 커핑을 진행했다. '커피 덕 후'라는 컨셉 아래 개최된 행사는 커핑과 더불어 해당 커피샘플을 브 루잉 커피로 추출해 시음하고, 브레드 피트의 빵도 함께 곁들이며 화 기애애한 분위기를 이뤘다.

봄을 맞아 화려하고 단맛이 좋은 내추럴 프로세스 계열의 커피샘플 들이 준비되었고, 커피시장에서 주를 이루고 있는 에티오피아의 내 추럴 프로세스 커피샘플을 비롯해 최근 중남미에서 주목받는 개성 강한 커피샘플들이 등장했다.

GSC INTERNATIONAL
BUSINESS CUPPING

DATE : 2017. 3. 9. PM 5:00 / LOCATION : 단골 커피 로스팅 랩 / NUMBERS : 약 30명

COFFEE TOPIC : 커피 덕후

BREWING COFFEE TOOL : 하리오 V60

COFFEE LIST :

에티오피아 예가체프 G1 빌로야 내추럴Ethiopia Yirgacheffe G1 Biloya Natural

파나마 돈페페 에스테이트 게이샤 내추럴Panama Don Pepe Estate Geisha Natural

코스타리카 SHB 도타 따라주 내추럴Costa Rica SHB Dota Tarrazu Natural

코스타리카 SHB 라스 라하스 에스테이트 허니Costa Rica SHB Las Lajas Estate Honey

GSC INTERNATIONAL'S CUP NOTE

에티오피아 예가체프 G1 빌로야 내추럴

: 블루베리blueberry, 포도, 건자두prune, 히비스커스hibiscus

파나마 돈페페 에스테이트 게이샤 내추럴

: 귤, 살구, 쥬시juicy, 플로럴, 라이트 바디,

부드러운 마우스필, 긴 애프터테이스트, 클린컵

코스타리카 SHB 도타 따라주 내추럴

: 플로럴, 복숭아, 블루베리, 마카다미아, 아몬드, 초콜릿,

부드러운 마우스필, 밸런스

코스타리카 SHB 라스 라하스 에스테이트 허니

: 라즈베리raspberry, 비스킷biscuit, 시럽syrup, 미디엄 바디

REVIEW

퍼블릭 커핑과 달리 칼리브레이션이 이뤄지지 않는 비즈니스 커핑에서는 마지막에 선호도 조사만 이뤄진다. 커핑 이후 주최 측에서는 참가자들에게 해당 커피샘플에 대한 의견을 따로 묻고 정리해 내부 자료로 활용한다.

커핑에서는 고유의 향미가 잘 발현된 파나마 돈페페 에스테이트 게이샤 내추럴이 인기를 끌었고, 에티오피아 예가체프 G1 빌로야 내추럴은 참가자들로부터 단맛의 밸런스가 좋다는 평가를 받은 동시에 가격에 대한 만족도가 가장 높았다.

커핑에 이어 하리오 V60으로 추출한 브루잉 커피는 비교적 원두를 가늘게 분쇄해 진행했는데, 네 가지 커피샘플 모두 전반적으로 클린컵이 좋다는 평을 받았다.

DANGOL X GSC X Bread Fit **Cupping Sheet** Cupped by : _____

Date : _____

국가	생두명	Aroma	Flavor	Acidity	Sweetness	Body	Balance	Clean cup	Overall	Total
Ethiopia	Yirgacheffe Grade 1 Biloya Natural	1 2 3 4 5 comment	1 2 3 4 5	1 2 3 4 5	1 2 3 4 5	1 2 3 4 5	1 2 3 4 5	1 2 3 4 5	1 2 3 4 5	
Origin	Grade	Aroma	Flavor	Acidity	Sweetness	Body	Balance	Clean cup	Overall	Total
Panama	Don Pepe Estate Geicha Natural	1 2 3 4 5 comment	1 2 3 4 5	1 2 3 4 5	1 2 3 4 5	1 2 3 4 5	1 2 3 4 5	1 2 3 4 5	1 2 3 4 5	
Origin	Grade	Aroma	Flavor	Acidity	Sweetness	Body	Balance	Clean cup	Overall	Total
Costarica	Dota Tarrazu Natural SHB EP	1 2 3 4 5 comment	1 2 3 4 5	1 2 3 4 5	1 2 3 4 5	1 2 3 4 5	1 2 3 4 5	1 2 3 4 5	1 2 3 4 5	
Origin	Grade	Aroma	Flavor	Acidity	Sweetness	Body	Balance	Clean cup	Overall	Total
Costarica	Las Lajas ESTATE Honey	1 2 3 4 5 comment	1 2 3 4 5	1 2 3 4 5	1 2 3 4 5	1 2 3 4 5	1 2 3 4 5	1 2 3 4 5	1 2 3 4 5	

지에스씨인터내셔널의 비즈니스 커핑에서 사용하는 커핑 폼

엠아이커피M. I. Coffee의

비즈니스 커핑

이번 비즈니스 커핑은 콜롬비아커피생산자연합회Federación Nacional de Cafeteros de Colombia, FNC에서 주관하는 생두 경매에서 낙찰을 받은 커피샘플로 구성했는데, 기존 고객을 포함해 더욱 많은 사람에게 커피를 홍보하기 위해 특별히 공개 커핑 형식으로 진행되었다. 이날 커핑한 커피샘플은 생두 대회 본선에 진출한 생두를 비롯해 바디 부문 1위의 콜롬비아 나랑호 풀리 워시드와 3위를 차지한 콜롬비아 촌타두로 풀리 워시드, 밸런스 부문 1위의 콜롬비아 몰레도레스 풀리 워시드였다.

M. I. COFFEE
BUSINESS CUPPING

DATE : 2017. 3. 3. PM 6:00 / LOCATION : 엠아이커피 본사 / NUMBERS : 약 15명

COFFEE TOPIC : 콜롬비아 FNC에서 주관하는 생두 경매에 소개된 커피

COFFEE LIST :

콜롬비아 핀카 엘 카침볼 풀리 워시드Colombia Finca El Cachimbol Fully Washed

콜롬비아 핀카 엘 촌타두로 풀리 워시드Colombia Finca El Chontaduro Fully Washed

콜롬비아 핀카 엘 나랑호 풀리 워시드Colombia Finca El Naranjo Fully Washed

콜롬비아 핀카 몰레도레스 풀리 워시드Colombia Finca Moledores Fully Washed

M. I. COFFEE'S CUP NOTE

콜롬비아 핀카 엘 카침볼 풀리 워시드

: 플로럴, 라임, 꿀, 카카오 닙스cacao nibs, 부드러운 산미와 마우스필

콜롬비아 핀카 엘 촌타두로 풀리 워시드

: 자몽, 살구, 레몬 캔디, 밀크 초콜릿milk chocolate, 카카오, 허브herb

콜롬비아 핀카 엘 나랑호 풀리 워시드

: 건포도, 건자두, 오렌지, 다크 초콜릿, 카카오 닙스, 와인

콜롬비아 핀카 몰레도레스 풀리 워시드

플로럴, 자두, 캐러멜, 허브, 블랙티black tea, 카르다몸cardamom

REVIEW

커핑에 몰두하는 참가자들의 모습이 인상적이었던 이번 비즈니스 커핑에는 바디와 단맛이 뛰어난 커피샘플이 많이 등장해, 밸런스가 좋고 무난하다고 평가되었던 콜롬비아 커피에 대한 선입견이 깨졌다는 이야기가 많았다.

가장 인기 있었던 품목은 꽃향기와 더불어 자두, 캐러멜 향미가 인상적인 콜롬비아 핀카 몰레도레스 풀리 워시드와 건포도와 오렌지, 다크 초콜릿의 향미를 지닌 콜롬비아 핀카 엘 나랑호 풀리 워시드였다.

M·I·Coffee Corp.
Green Coffee Importers Since 1984

Colombia Land of Diversity Auction Lot 비즈니스 커핑

일시 : 2017. 03. 03 금요일
장소 : 엠아이커피 본사 3층

순번	농장	품종	프로세싱	포장 형태	포장 단위 (kg)	Box	총중량 (kg)	사전 단가(kg)	최소 구매금액	Cup Note
1	Finca El Cachimbol | 카침볼	Castillo Colombia	Fully Washed	Vacuum pack	24					
2	Finca El Chontaduro | 촌타두로	Colombia	Fully Washed	Vacuum pack	24					
3	Finca El Naranjo | 나랑호	Colombia Castillo Caturra	Fully Washed	Vacuum pack	24					
4	Finca Moledores | 몰레도레스	Colombia	Fully Washed	Vacuum pack	24					

엠아이커피의 비즈니스 커핑에서 사용하는 커핑 폼

PART

10.

COFFEE TASTING
COMPETITION

커피 테이스팅 대회

CUPPING

KNOW-HOW

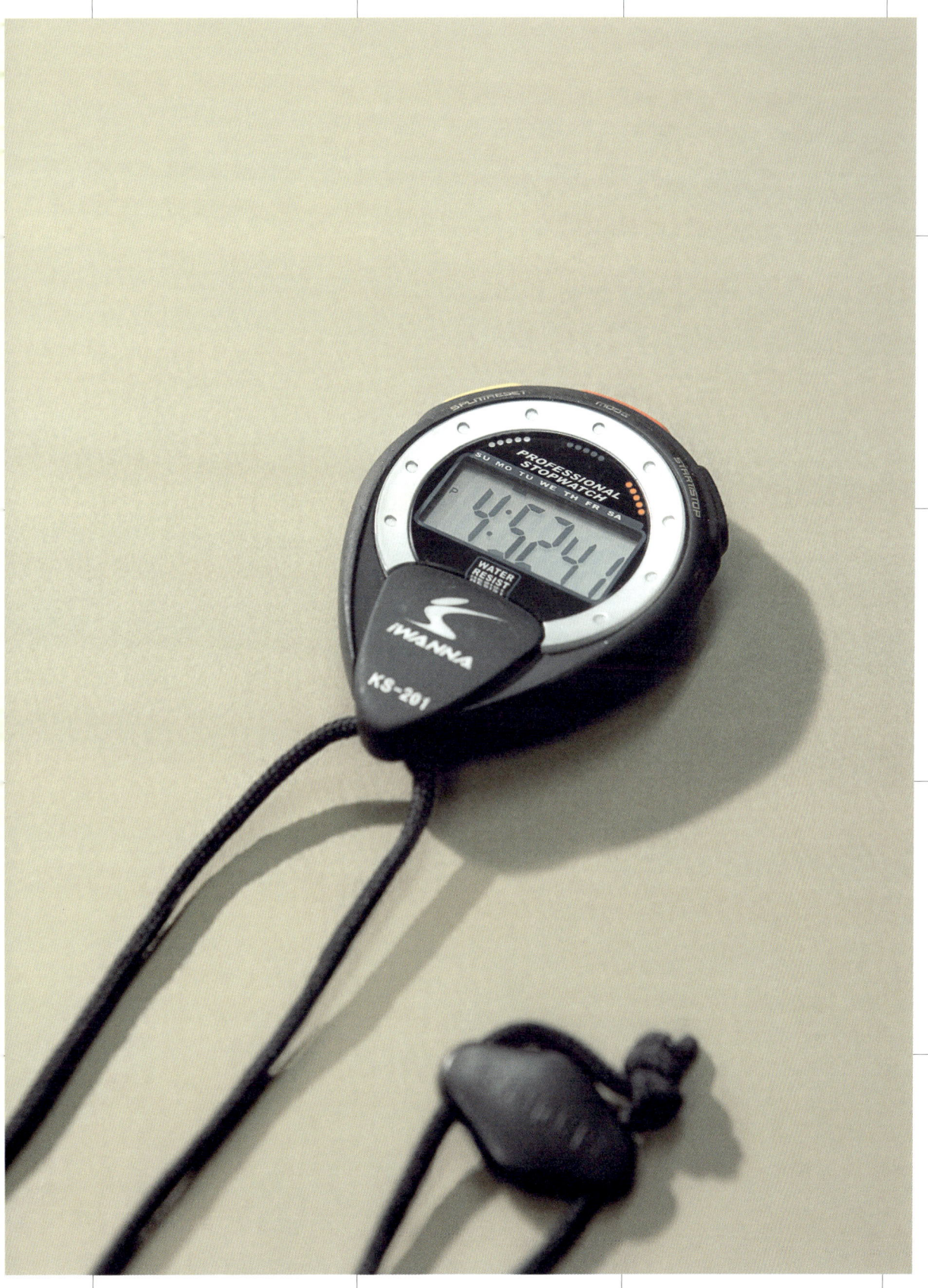

커 피 테 이 스 팅
대 회 취 지

커피체인에 속한 사람이라면 거의 매일 커핑이나 컵 테이스팅을 한다. 다만 각자의 역할에 따라 중점을 두는 부분은 조금씩 다를 수 있다. 이러한 커핑과 컵 테이스팅 과정을 반복하다 보면 자신의 향미 감별 능력에 대한 자신감이 생기고, 그 실력을 검증받고자 하는 생각이 들곤 한다. 그렇다면 다음 단계는 대회 준비다.

흔히 말하는 커핑 및 컵 테이스팅 대회는 일련의 커핑 절차를 다 따르지 않고, 일정한 방식으로 로스팅된 원두를 균일하게 추출해 향미를 감별하는 능력을 겨루는 대회다. 커핑 스푼을 들고 준비된 커피샘플들을 맛보며 컵들 사이의 공통점과 차이점을 찾는 방식으로 진행되고, 누가 가장 정확하고 빠르게 커피샘플을 구분하는지에 따라 승패가 결정된다.

최근 커피업계 곳곳에서 커피 테이스팅 능력을 시험하는 대회가 열리고 있는데, 그중 대표적인 대회인 한국컵테이스터스챔피언십Korea Cup Tasters Championship, KCTC과 마스터오브커핑Master of Cupping, MOC에 대해 살펴보고자 한다.

커피 테이스팅 대회 경연 방식

한국컵테이스터스챔피언십(2017년 기준)

한국컵테이스터스챔피언십은 세 가지 커피샘플 중 향미가 다른 하나를 골라내는 트라이앵귤레이션triangulation 방식으로 진행하며 총 여섯 세트로 구성된다. 우승자는 월드커피이벤트World Coffee Events, WCE에서 진행하는 월드컵테이스터스챔피언십World Cup Tasters Championship, WCTC에 출전할 기회를 얻는다.

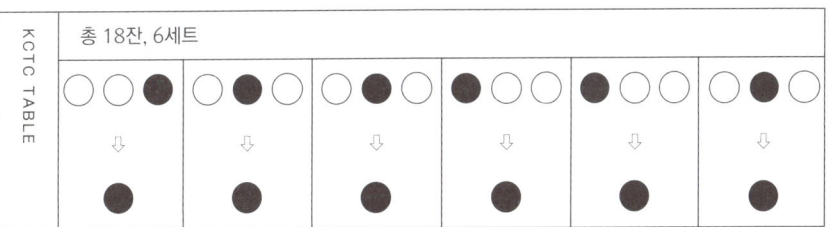

KCTC TABLE

총 18잔, 6세트

○ ○ ● | ○ ● ○ | ○ ● ○ | ● ○ ○ | ● ○ ○ | ○ ● ○
⇩ | ⇩ | ⇩ | ⇩ | ⇩ | ⇩
● | ● | ● | ● | ● | ●

마스터오브커핑(2017년 기준)

마스터오브커핑은 열두 잔의 커피샘플 가운데 싱글 오리진 네 종류를 그룹별로 두 잔씩 가려내고, 블랜드 네 컵은 그대로 두는 방식으로 진행된다.

사실 커피 테이스팅 대회는 커피향미의 차이만 인지해도 컵을 분류할 수 있어 때로는 뛰어난 향미 감별 능력이 없어도 높은 성적을 거두는 경우가 있다. 마스터오브커핑은 이러한 대회의 맹점을 극복하고자 제시된 커피샘플을 단순한 향미 차이가 아닌 싱글 오리진의 특징을 명확히 구별하고 여러 생두가 섞였을 때의 복합적인 뉘앙스도 인지할 수 있도록 대회를 구성했다. 이때 블랜드는 사전에 제시된 생두 리스트에서 몇 종류를 골라 블랜딩해 만든다.

MOC TABLE	총 12잔			
	○ ● ● ○ ○ ● ● ● ○ ○ ○ ● ○ ○ ● : 블랜드			
	⬇			
	싱글 오리진 1	싱글 오리진 2	싱글 오리진 3	싱글 오리진 4
	○ ○	○ ○	○ ○	○ ○

커피 테이스팅
대회 세팅

모든 대회는 최종 성적뿐 아니라 대회를 준비하는 과정 자체가 참가 선수에게 큰 도움이 된다. 특히 최근의 커피 테이스팅 대회에서는 선수들의 준비 과정에 도움이 되고자 대회에 사용할 생두 리스트를 사전에 공개하는 곳이 많아졌다. 선수는 리스트를 참고해 대회에 앞서 미리 연습할 수 있다는 이점을 얻고, 주최 측은 대회 운영의 효율성을 확보할 수 있다.

대회용 생두 선별

기본적으로 대회용 생두는 캐릭터가 뚜렷한 것부터 비슷한 향미를 지닌 것까지 골고루 선별된다. 대회의 변별력은 후자에 둔다. 유사한 특징의 생두를 고를 때는 주로 재배 고도나 품종이 비슷한 것을 선정하는데, 여기서 한 단계 더 어렵게 접근한다면 재배 고도와 품종, 그리고 재배 지역까지 모두 같지만 농장이나 워싱 스테이션만 다른 생두를 제시한다. 보통 같은 지역의 생두는 향미가 흡사할 것이라는 고정 관념이 앞설 때가 많아 선수들은 혼란을 겪고 향미의 미세한 차이를 발견하는 것이 힘들어진다.

2016 한국컵테이스터스 챔피언

이동호 로스터가 겪은 고난도 문제

커피 테이스팅 대회에 참가한 선수는 때때로 향미가 강한 커피샘플이 동시에 제시되었을 경우에 어려움을 겪기도 한다.

한국컵테이스터스챔피언으로 2016 월드컵테이스터스챔피언십에서 세계 2위를 기록한 이동호 로스터는 생두 회사이자 그해 월드컵테이스터스챔피언십의 스폰서였던 나인티 플러스Ninety Plus사에서 다루는 다양한 방식으로 가공된 생두 가운데 향미의 강도가 굉장히 강하거나, 복합적인 향미를 지닌 커피샘플이 많이 등장해 커피샘플간의 차이를 구분하기 힘들었다고 한다.

시간이 지나면서 커피의 온도가 다소 떨어지면 맛을 구분하기 유리해질 수 있지만, 대회에서는 일분일초가 승부를 가르기 때문에 커피샘플이 식기만을 기다릴 수 없다. 이러한 문제에 맞닥뜨렸을 때 당황하지 않기 위해서는 뻔한 이야기지만 평소에 다양한 커피를 경험하는 것이 유일한 답이다.

대회 훈련법

커핑의 기본은 커피가 지닌 향미 특성을 파악하는 것이다. 이는 커피 테이스팅 대회에서도 그대로 적용된다. 하지만 대회에서는 준비된 커피샘플들간의 차이점을 인지하고 구분하는 능력이 관건이다. 구체적인 향미 분석이 아니어도 커피샘플별로 특징적인 향미를 한두 가지 정도 파악하고 나면 여러 잔의 커피샘플 사이에서도 차이점을 알아챌 수 있기 때문이다.

로스팅 변수 조절

여러 커피샘플간의 차이점을 구분하는 능력을 기르기 위해 한 가지 생두에 다양한 로스팅 변수를 적용해 생두가 지닌 절대적인 특징을 찾아내는 방법이 있다.

하나의 생두를 세 가지 커피샘플로 나눠 로스팅 포인트는 고정하되, 로스팅 중간에 열량을 달리하거나 배기를 제어하는 댐퍼의 여닫는 정도를 다르게 하는 식으로 커피샘플별로 로스팅에 변화를 준 후 따로따로 커핑해 보는 것이다.

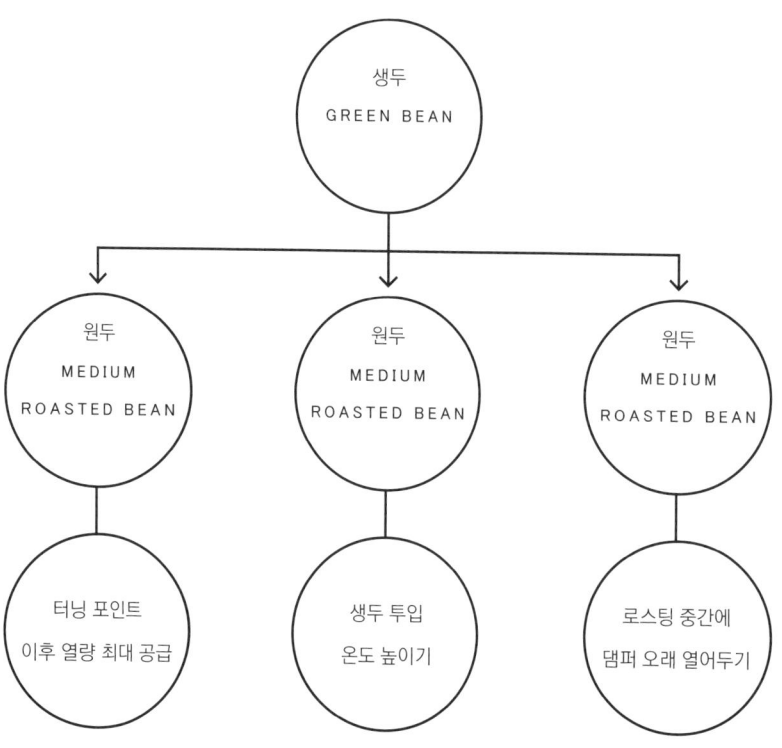

하나의 생두에 여러 로스팅 변수를 적용한 예시

각기 다른 로스팅 과정으로 인해 커피샘플마다 향미의 강도는 조금씩 다르더라도 전체를 아우르는 고유한 향미는 분명 있다. 이러한 과정을 대회 공식 생두마다 적용해 각각의 공통된 향미를 찾아내고, 그 향미를 기억하는 것이 대회를 준비하는 전략 가운데 하나다.

슬러핑 강도 및 커핑 스푼에 뜨는 커피양 조절

대회를 준비하는 과정에서 휘파람 같은 소리를 내며 커피를 깊게 들이마시는 슬러핑의 강도나 커핑 스푼에 뜨는 커피양을 균일하게 유지하는 습관을 기르는 것도 중요하다. 슬러핑 시 커피를 세게 흡입하면 상대적으로 향미가 확 들어오기 때문에 같은 커피여도 약하게 슬러핑했을 때보다 향미의 강도가 세다고 여긴다. 커핑 스푼에 담는 커피의 양도 마찬가지인데, 커피양이 많으면 감지되는 맛도 더 많아지기 때문이다.

커핑 스푼에 담는 커피양이 적당할 때

커핑 스푼에 담는 커피양이 많을 때

2017 마스터오브커핑 챔피언

김혜선 바리스타의 대회 훈련법

여섯 번의 마스터오브커핑 출전 끝에 2017년, 당당히 우승한 김혜선
바리스타는 커핑으로 생두의 특징을 파악한 후 브루잉 커피로도 추
출해 향미를 비교하는 연습을 자주 했다고 한다.

또한 같은 원두를 동일한 양으로 추출해도 추출 변수에 따라 맛이
달라지기 때문에 분쇄도를 조절하거나 여러 가지 브루잉 도구를 사
용해 커피를 추출하고 비교 시음하는 과정도 반복했다. 다양한 추출
상황에 대비하며 연습을 거듭하면 대회 당일 마주하게 되는 예상 밖
의 상황에도 침착하게 대응할 수 있기 때문이다.

일상에서의 대회 준비

컨디션 조절

대회를 준비하는 기간에는 자신의 몸 상태를 체계적으로 관리하는 것도 매우 중요
하다. 실제로 많은 선수가 준비 기간에는 자극적이지 않은 음식 위주로 식단을 구
성해 컨디션 관리에 힘쓴다. 흔히 몸이 피곤할 때 입맛이 없고, 감기에 걸려 코가
막혔을 때 음식 맛을 잘 느끼지 못하는 것만 봐도 컨디션에 따른 미각과 후각의 변
화가 향미를 인지하는 데 큰 영향을 끼친다는 것을 알 수 있다.

2017 마스터오브커핑 챔피언

김혜선 바리스타의 대회 준비

김혜선 바리스타는 기본적으로 생두의 산지, 가공 방식, 품종에 따른 물리적, 향미적 특징을 습득한 후 커핑을 진행하고, 로스팅을 통해 해당 커피샘플의 향미 변화를 살핀다.

이후 대회 준비를 위해 수많은 커핑을 반복하고 식단 조절을 병행하며 컨디션 관리에 매진했다. 하지만 여러 번의 대회를 겪으면서 이러한 방법으로 인해 오히려 감정의 기복이 심해진다고 판단해 체계적인 커핑 스케줄을 짜고 두 세트씩 오전과 오후로 나누어 규칙적인 커핑을 진행했다. 또한 소음이 많은 환경에서도 집중력을 기르기 위해 마음을 다스리는 훈련에 집중했고, 최대한 스트레스를 받지 않고 즐길 수 있는 상태를 유지하며 대회를 준비했다.

2016 한국컵테이스터스챔피언

이동호 로스터의 대회 준비

향미 분석 습관화

대회를 위해 집중적인 커핑 연습을 하는 것도 좋지만, 기초를 다질
수 있는 좋은 방법은 커핑과 테이스팅을 습관화하는 것이다. 이를 위
해 업무적으로 추출이나 로스팅을 진행하며 커핑을 일상적으로 반
복하는 것은 물론이고, 퍼블릭 커핑이나 비즈니스 커핑과 같은 커핑
행사에 참가하기도 했다. 평소 커피를 마실 때도 그냥 맛만 보고 끝
내기보다는 짧게나마 향미에 집중하며 음미하는 습관을 기르는 것
도 좋은 방법이다.

기억력 향상 훈련

대회에서 향미가 다른 커피샘플을 구별하기 위해서는 무엇보다 각
커피샘플의 향미 특징을 잘 기억해야 한다. 대회에서는 이미 여러
컵의 커피샘플을 맛본 상태에서 그다음 컵도 테이스팅해야 하므로
이전 커피샘플의 향미를 정확히 기억해내지 못한다면 다시 맛을 봐
야 하고, 그만큼 시간도 더 소요된다. 대회에서는 정확도만큼 시간
도 중요하다. 선수들이 컵을 구분해내는 정확도가 전부 비슷한 수
준이라면, 시간에서 승부가 판가름 나기 때문이다. 게다가 테이스팅
을 여러 번 반복하는 동안 입과 코에서 느껴지는 향미에 대한 명확
성도 떨어지기 마련이다. 처음 커피샘플을 테이스팅할 때, 어떤 향
미 특징이든지 한두 가지는 빨리 발견하여 기억해두는 것이 높은 점
수를 받는 방법이다.

PART

11.

COMMUNICATION

WITH CUSTOMERS

소비자 전달법

컵 노트
작성법

로스터리나 카페에서 원두를 구매하는 사람은 원두 포장지에 적힌 커피정보를 꼼꼼히 읽는다. 이때 포장지에 적힌 컵 노트, 혹은 테이스팅 노트가 너무 복잡하고 길면 한눈에 파악하기 어렵고, 향미를 가늠하기도 힘들다. 특히 커핑 언어에 익숙하지 않은 소비자라면 더욱 혼란스러울 것이다.

로스터의 의도를 드러내면서 소비자들의 공감도 끌어내기 위해서는 원두마다 특징적인 향미를 파악하여 누구나 이해할 수 있는 명확한 단어를 사용해 테이스팅 노트를 제공하는 것이 좋다.

컵 노트 작성 과정

컵 노트는 커핑을 통해 진행한 향미 분석을 바탕으로 작성되는데, 커피를 마셨을 때 느낄 수 있는 향미의 강도나 감도를 기록한다. 주로 커피의 산미, 단맛, 쓴맛을 일반 소비자들에게 익숙한 사물과 연결하여 묘사하는 경우가 많다.

산미

커피를 마시면 유기산 반응으로 생성된 저분자 화합물을 중심으로 산미가 느껴지는데, 이를 컵 노트로 표현할 때는 단순히 신맛이 난다고 표현하지 않는다. 사과의 산미, 오렌지의 산미, 자몽의 산미가 전부 다른 것처럼 커피에서 느낀 산미가 어느 과일의 향미와 비슷한 뉘앙스를 지녔는지 생각하고, 그 과일의 이름을 적는다.

단맛

단맛은 로스팅 과정에서 생두에 내포된 당 성분이 열에 반응해 드러난다. 컵 노트에서 캐러멜은 쓴맛이 포함된 단맛, 갈색 설탕brown sugar은 캐러멜보다 깔끔하게 느껴지는 단맛 정도로 볼 수 있다. 바닐라는 꽃향기와 함께 전달되는 단맛이 날 때 묘사하는 향미고, 단맛에 고소한 맛이 함께 느껴질 때는 토스트toast라 적는 경우가 많다.

쓴맛

일반적으로 고소한 맛에 쌉쌀함이 함께 느껴지면 다크 초콜릿이나 아몬드로 표시하는데, 아몬드는 흔히 껍질째 먹었을 때의 쌉쌀한 맛을 떠올리면 이해하기 쉽다. 반대로 쌉쌀한 맛에 약간 가벼운 산미가 느껴진다면 땅콩이라 표현하기도 한다.

싸이펀 커피 랩의

컵 노트 작성법

익숙한 언어로 표현

싸이펀 커피 랩에서는 과장된 향미 표현을 지양한다. 레몬, 땅콩, 갈색 설탕과 같이 직관적이고 간단명료하게 컵 노트를 작성하는데, 표현이 길어지면 소비자가 생각하는 맛의 범위가 너무 넓어져 의미가 제대로 전달되지 않기 때문이다.

또한 흔히 접할 수 없는 사물로 컵 노트를 건네는 것을 피하고, 최대한 소비자에게 익숙한 것으로 향미를 설명한다. 대표적인 예로 커피 업계에서는 흔한 표현이지만, 한국 소비자들 가운데 몰티malty*, 블랙커런트blackcurrant라는 단어를 듣고 바로 그 맛을 떠올리는 사람은 흔하지 않을 것이다.

표현의 자유

소비자들에게 익숙한 언어로 향미를 묘사하는 것과 더불어, 싸이펀 커피 랩에서는 스페셜티 커피라고 해서 좋은 향미로만 꾸며 말하지 않는다.

사실 커피는 단순히 산미와 단맛만 좋은 것이 아니라 쓴맛까지 모두 조화롭게 담겨 있어야 커핑에서 높게 평가하는 복합성, 즉 컴플렉시티complexity가 완성된다. 싸이펀 커피 랩은 언젠가 스페셜티 커피가 과일이나 꽃향기처럼 긍정적인 향미뿐 아니라 당당히 삼나무cedar나 풀grassy과 같은 향미도 느껴진다고 자유롭게 표현되기를 바라고 있다.

* 몰티 : 맥아 향기.

펠트의

컵 노트 작성법

펠트는 프로덕션 로스팅을 마치고 동료들이 모여 커핑하거나 커피 산지에서 생두 구매를 위한 커핑을 진행할 경우에는 명확한 커핑 언어를 사용해 의사를 전달한다. 컵 노트를 작성할 때는 내부적인 커핑을 진행하여 공통적으로 나온 표현을 모아 정리하는데, 이는 납품처와 커피에 대한 피드백을 주고받을 수 있는 근거가 될 때도 있어 구체적인 향미 표현을 사용하는 편이다.

하지만 매장을 방문한 손님이 컵 노트에 적힌 향미에 대해 질문한다면, 이때는 포괄적인 범위 내에서 향미를 설명하는 편이다. 예를 들어 클로브clove*와 스타 아니스star anise* 같은 표현이라면 단순히 향신료로 통칭해 손님이 공감할 수 있는 범위 안에서 풀어낸다.

* 클로브 : 정향.

* 스타 아니스 : 별 모양의 작은 열매로 향신료로 쓰인다.

소비자 용어
칼리브레이션

커피업계에 속한 사람이라면 플레이버 휠에 제시된 커핑 언어를 보고 향미를 바로 떠올릴 수 있지만, 일반 소비자들은 정확히 표현된 커핑 언어라도 향미를 이해하는 데 어려움을 겪는다. 소비자들은 평소 자신이 선호하는 맛과 향에 집중해 커피를 선택하고 마실 뿐, 업계에서 사용하는 용어를 따로 배울 필요가 없기 때문이다. 커피 바에서 소비자와 마주하는 바리스타라면 커핑 언어를 손님들에게 친숙한 용어로 바꾸는, 일종의 칼리브레이션 과정을 거쳐 향미를 설명하는 태도가 필요하다.

포괄적인 설명

커피전문가들은 소비자들에게 기본적인 커피정보를 전달하는 것과 동시에 소비자가 향미에 공감할 수 있도록 설명을 덧붙여 커피를 추천한다. 하지만 이때 바리스타가 '이 커피는 레몬 향이 납니다'는 식으로 향미를 단정해 이야기한다면, 그 향미를 바로 인식하는 사람도 있지만 또 다른 사람은 그 말에 전혀 공감하지 못할 수도 있다. 이는 소비자들이 커피를 마시며 향미를 인지하는 과정 자체를 낯설어 하는 이유도 있지만, 향미의 강도에 대해 지각하는 정도가 개인마다 달라 발생하는 문제이기도 하다. 이 경우 향미의 범위를 넓혀 포괄적으로 접근하는 것이 중요한데, '레몬 같은 감귤류의 과일이 지닌 산미와 단맛이 있는 커피'라 표현하는 방법이 있다.

소비자의 성향과 눈높이에 맞춘 추천

일반적으로 소비자는 연령대와 성별, 직종 등에 따라 저마다 다른 성향을 지니는데, 커피전문가라면 이들의 성향을 파악하여 커피를 추천하고 설명할 수 있어야 한다. 향수와 바디 용품을 즐겨 사용하는 20대 젊은 여성이라면 베르가못bergamot* 향이 익숙하지만, 그렇지 않은 사람은 베르가못이라는 단어 자체를 처음 접할 수도 있다. 그럴 때는 주로 라임이나 오렌지 계열의 향으로 커피를 묘사하곤 한다. 같은 커피라도 소비자의 특징에 맞춰 향미를 전달하는 것이 효과적이다.

바리스타의 역량

커피향미를 평가하는 것은 커피체인의 가장 기초적인 업무이기 때문에 소비자를 포함한 다른 사람과 소통하기에 앞서 커피전문가들 스스로 커피에 대한 확실한 정보를 가지고 있어야 한다. 이러한 점이 바탕이 되어야 소비자에게 향미를 전하고 그들에게 맞는 커피를 추천할 수 있다. 소비자가 가볍고 산뜻한 커피를 좋아한다고 이야기했을 때, 그 의미가 바디가 가벼운 커피를 말하는 것인지, 혹은 꽃향기가 주를 이루는 커피를 원하는 것인지 파악할 수 있어야 하기 때문이다.

---

* 베르가못 : 배 모양의 오렌지 껍질에서 추출한 에센셜 오일을 일컫기도 하고, 수레박하라는 허브의 종류를 뜻하기도 한다.

소비자에게
커피향미를 전달하는 방법

1:1 소통법

바리스타가 소비자에게 커피향미를 전달하기 위한 가장 직접적이고, 편한 방법은
일대일로 소통하는 것이다. 이를 통해 소비자는 각자의 취향에 맞는 커피를 찾을
수 있고, 바리스타나 로스터도 자신이 의도한 향미를 효과적으로 전달할 수 있다.

프린츠 커피 컴퍼니의

커피 추천법

프린츠 커피 컴퍼니는 손님층이 다양해 소비자들의 커피 취향도 각
양각색이다. 손님이 커피에 대해 질문하면, 바리스타는 우선 어떤
커피를 좋아하는지 묻는다. 대부분의 손님들은 커피의 산미에 거부
감을 표하는 부류와 그렇지 않은 부류로 나뉘는데, 이를 위해 프린
츠 커피 컴퍼니는 다이렉트 트레이드를 통해 들여 온 여러 원두 리
스트를 갖추고 있다.

산미가 있는 커피를 좋아하는 경우

커피의 산미에 거부감이 없는 손님들은 커피에서 느낄 수 있는 다채로운 향미를 경
험하길 원하는 사람이 많은 편이다. 이들에게는 커피를 추천할 수 있는 폭이 넓어지
는데, 준비된 원두 리스트 가운데 향미 특징을 크게 두 부류로 나눠 커피를 추천한다.

> • 산미와 밸런스가 좋은 커피 선호 → 코스타리카에서 생산된 허니 프로세스를
> 거친 커피를 추천하거나, 에스프레소는 밝은 톤의 산미와 과일향이 풍부한
> 서울 시네마 블랜드를 추천한다.
> • 독특한 향미를 경험하고자 하는 경우 → 내추럴 프로세스로 가공된 커피나
> 다이렉트 트레이드를 진행하는 농장에서 새롭게 시도한 프로세스로 가공된
> 커피를 추천한다.

산미가 없는 커피를 좋아하는 경우

에스프레소의 경우 잘되어 가시나 블랜드를 추천한다. 싱글 오리진은 인도 커피나 저
카페인 품종인 라우리나Laurina 커피를 권하는 편이다.

커피 그래피티의

커피 추천법

커피 그래피티에서는 일반 소비자에게 원두를 추천할 때, 선호하는 커피맛에 대한 이야기보다 먼저 소비자가 현재 사용하는 추출 도구를 묻고, 해당 도구를 사용해 어떤 방식으로 커피를 추출하는지를 묻는다. 마지막에 이르러서야 어떤 향미를 선호하는지 묻는다. 막연하게 어떤 커피를 좋아하느냐는 질문을 들었을 때, 명쾌하고 구체적으로 자신이 좋아하는 향미에 대한 답을 하는 사람이 많지 않기 때문이다.

향미는 가장 나중에 논의하고 각자의 추출 조건부터 차근차근히 대화하면서 어떤 원두를 사용하고, 어떻게 내리면 원하는 향미를 추출할 수 있다는 식으로 자신에게 맞는 커피를 찾아간다. 또한 같은 원두라도 추출법을 달리 제시해 소비자가 다채로운 향미를 경험할 수 있도록 이끌기도 한다.

원두 카드 작성법

러시 타임과 같이 손님이 많이 몰리는 시간에는 모든 손님에게 일일이 향미를 설명하기 어려울 때가 많다. 이를 대비하고자 많은 로스터리와 카페에서는 원두 카드를 작성해 카운터에 비치하거나 손님에게 커피를 낼 때 함께 제공한다. 해당 커피의 이름과 로스팅 포인트 같은 기본적인 정보는 물론, 쉽게 이해할 수 있도록 작성한 테이스팅 노트도 함께 제공해 손님이 자신에게 맞는 커피를 자유롭게 선택할 수 있도록 배려한 것이다.

커피 몽타주Coffee Montage의

원두 카드 작성법

싱글 오리진의 원두 카드는 기본적인 생두 정보와 더불어 커핑 시 직
관적으로 느꼈던 세 가지 핵심 향미만 적어 만든다. 블랜드도 간단명
료한 컵 노트를 적고 생두 구성과 로스팅 포인트를 덧붙여 원두 카드
를 제공한다. 컵 노트를 간략히 작성하는 이유는 소비자가 해당 원
두로 추출한 커피를 마셨을 때 컵 노트에 화려하게 적힌 향미가 그
대로 느껴지지 않는다면 자신의 추출법이나 로스팅이 잘못되었다고
판단할 수 있기 때문이다. 이러한 오해를 피하고자 최대한 직접적이
고 간결하게 컵 노트를 작성해 향미를 전달한다 .

싱글 오리진의 컵 노트(2017년 기준)

> • 볼리비아 엘 푸에르테 버번Bolivia El Fuerte Bourbon
> 살구, 슈가 브라운sugar brown, 웰 밸런스well-balanced
> • 케냐 키아와무루루Kenya Kiawamururu
> 자몽, 크랜베리cranberry, 오래 지속되는 단맛의 여운lingering sweet finish

블랜드의 컵 노트

데일리 커피를 지향하는 커피 몽타주의 '비터 스위트 라이프 에디션a bitter-sweet life
edition'이라는 이름의 두 가지 블랜드는 생두의 구성은 같고 로스팅 포인트만 다르다.

> • 비터 스위트 라이프 에디션 1 : 스위트sweet, 밸런스
> • 비터 스위트 라이프 에디션 2 : 풀 바디full-body, 스위트

이외에도 커피의 다채로운 향미를 경험하고자 하는 사람들을 위해 '센스 앤 센서빌리
티sense & sensability' 블랜드를 만들었는데, 싱글 오리진에 사용되는 생두를 블랜드에
활용해 산미와 단맛의 조화를 이끌어낸 시즈널seasonal 블랜드다.

> • 센스 앤 센서빌리티 : 브라이트bright, 스위트

납품처와의 소통법

납품 및 거래처와 소통할 때는 같은 커피업계에서 근무하는 커피전문가들과 교류할 때가 많아 명확한 커핑 언어와 커피의 추출량, 추출수율과 농도 등 구체적인 추출 레시피를 바탕으로 해당 커피에 대한 의견을 주고받는다.

예를 들어 납품처에서 '이전 원두는 레몬의 산미가 강했는데, 이번에는 라임 톤이네요.'라고 이야기하면 로스터는 '전보다 쓴맛이 더 도드라지거나 자극적인 맛이 느껴졌구나'라고 이해하고 로스팅 프로파일을 점검하거나, 생두의 변경 사항이 있다면 해당 정보를 전달하며 피드백을 건넨다.

커피 몽타주의

납품용 커피추출 가이드

커피 몽타주는 납품처에 원두와 함께 해당 원두에 대한 추출 레시피도 함께 전달한다. 하지만 납품처마다 사용하는 에스프레소 머신이나 그라인더 등 기본적인 추출 환경이 다르기 때문에, 지나치게 복잡하지 않고 정상적인 추출이 이루어질 수 있는 포괄적인 범위 안에서 추출 가이드를 제공한다.

블랜드의 경우 기본적으로 생두 구성 비율에 대한 정보와 로스팅 포인트, 간단한 컵 노트를 적어 건네고, 추출 레시피는 실제 경기도 하남에 위치한 커피 몽타주의 로스팅 공간이자 카페인 '커피 몽타주 더 스태디움The Stadium by Coffee Montage'에서 사용하는 에스프레소 머신으로 추출한 결과를 토대로 작성한 것을 제공한다. 현재 커피 몽타주 더 스태디움에서 사용하는 에스프레소 머신은 라마르조꼬La Marzocco GS3와 시네소 하이드라Synesso Hydra로 하이엔드급의 머신이지만, 납품용 추출 가이드를 작성하기 위한 추출을 진행할 때는 인퓨전을 진행하지 않는 등 추출 변수를 최대한 줄여 대중적인 추출 레시피를 완성해 납품처에 제공한다.

납품처에 제공하는 기본 추출 레시피

- 도징양 : 16~18g
- 추출량 : 30~36g

INTERVIEWEE
LIST

인터뷰에
도움을 주신 분들

CUPPING

KNOW-HOW

〈김길진 커피 랩〉 김길진 대표

김길진 커피 랩의 대표. CQI^{Coffee Quality Institute} 아라비카와 로부스타 큐인스트럭터로 한국의 큐그레이더 시험을 주관하며, SCA specialized instructor이자 트레이너로도 활동하고 있다. 국내를 비롯한 해외 여러 바리스타 대회 심사위원과 운영위원을 거쳐 2015년에는 마스터오브커핑 대회 운영위원장을 역임했다.

김대성

2009년 국내 생두 유통사인 〈엠아이커피〉에 입사해 생두 영업과 비즈니스 커핑을 진행했다. 2017년에는 CoE 코스타리카에 옵서버로 참여하는 등 커피산지를 오가며 다양한 생두를 접하고 있다.

〈프릳츠 커피 컴퍼니〉 김병기 대표

2014년 서울 도화동에 오픈한 프릳츠 커피 컴퍼니의 대표이자, 여러 커피산지를 오가는 그린빈 바이어로도 활동하고 있다. '동기 부여가 잘된 사람들의 공동체'를 모토로 동료들이 안심하고 직업 활동을 할 수 있는 회사를 만들기 위해 노력하고 있다.

〈이디야 커피랩〉 김혜선 바리스타

서울과 파주에 위치한 제이 바이 커피에서 로스팅 가공사업부 업무를 총괄해왔다. 2014년 유럽바리스타자격증, 2017년에는 큐그레이더 자격을 취득하고 마스터오브커핑 챔피언으로 선발됐다. 현재는 〈이디야커피랩〉에 근무하고 있다.

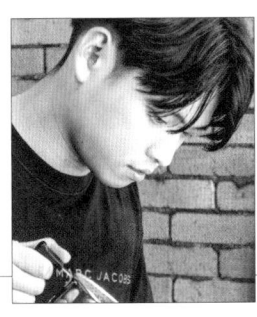

〈자이언트 커피 로스터스〉 노승원 대표

2013년 경기도 안산에 자이언트 커피 로스터스를 오픈해 로스팅과 원두 납품 사업에
주력하다 2016년, 카페 〈103 커피 룸〉을 인수하여 자이언트 커피 로스터스의 쇼룸으
로 활용하며 더 많은 소비자들과 소통하고 있다.

〈로그라운드〉 류재연 전략기획실장

〈5스타 커피 아카데미〉 바리스타 교육 강사를 거쳐 〈BLA 커피 로스터스〉 매니저와 로
스터, 한국커피교육센터의 수석 트레이너를 역임했다. 2012~2013 마스터오브커핑
에 선수로 참가한 경험을 바탕으로, 올해까지 총 4년 동안 대회 운영 팀장으로 활약한
바 있다. 현재 다양한 커피 상품을 판매하는 로그라운드 전략기획실장으로 활동 중이다.

〈엠아이커피〉 박정호 로스터

엠아이커피 품질관리팀 소속으로 생두와 로스팅에 대한 광범위한 테스트와 품질관리를
하고 있다. 다수의 커피산지를 방문하고 CoE 심사위원으로 활동하는 등 국내외로 커피
관련 이력을 쌓고 있으며 틈틈이 매체에 글을 기고하며 커피관련 지식을 공유하고 있다.

박초아

SCA 큐그레이더 자격을 취득한 후 2013년에는 마스터오브커핑 대회 3위에 입상하기
도 했다. 2014년 루소랩에 입사해 메뉴 개발, 매장 관리, 클래스 운영을 담당했으며, 현
재는 〈스트롱홀드테크놀로지〉 소속으로 활발히 활동 중이다.

〈나무사이로 커피〉 배준선 대표

지속적으로 커피산지를 방문하여 생산자와 소통하고 좋은 재료와 논리적인 로스팅, 철저한 품질관리를 기반으로 커피의 다양한 매력을 소개하는 그린빈 바이어다. 2002년 '커피가 우리의 삶을 진정 풍요롭게 할 수 있을까'를 묻고 답하기 위해 나무사이로 커피를 열었고 현재 서울 내자동의 카페 나무사이로와 분당 석운동에서 나무사이로 본부를 운영하고 있다.

〈싸이펀 커피 랩〉 사선희 대표

2000년에 커피를 시작해 올드스쿨old-school을 대표하는 카페를 두루 거치며 자신만의 커피 기반을 다졌다. 현재는 서울 망원동에서 싸이펀 커피 랩이라는 이름의 로스팅 겸 교육 공간을 운영 중이다. 올드스쿨식 교육의 장점을 접목한 독창적인 커리큘럼으로 현직 바리스타와 로스터들이 스페셜티 커피를 올바로 이해하는 데 길잡이 역할을 하고 있다.

〈펠트〉 송대웅 대표

〈커피볶는 곰다방〉에서 처음 커피경력을 시작했고, 이후 〈매드 커피〉에서 함께했던 멤버들과 2015년 펠트를 오픈해 운영하고 있으며, 최근 로스팅 랩도 확장했다. 매년 커피산지를 오가는 그린빈 바이어로도 활동하며 소비자들에게 다양한 커피를 선보이고 있다.

〈프릳츠 커피 컴퍼니〉 송성만 바리스타

〈엘카페 커피 로스터스〉를 포함한 여러 카페에서 근무하며 바리스타로서의 전문 기술을 차근히 쌓았다. 그 노력의 결과로 2012년부터 지금까지 기의 매해 한국바리스타대표선발전Korea National Barista Championship, KNBC 파이널리스트에 오르고 있다. 2014년부터는 프릳츠 커피 컴퍼니를 공동 창업해 '맛있고, 멋있는' 커피를 선보이고 있다.

〈기미사〉 송인영 대표

커피교육 및 품질평가 전문가. 커피의 관능 평가와 품질관리를 주제로 국내외 다수의 대학과 기업체에서 강연 활동을 펼쳐왔으며, ㈜파리크라상이 운영하는 SPC컬리너리 아카데미의 커피강사로 활동했다. 월드바리스타챔피언십의 센서리 심사위원이자 서울 성수동 〈기미사〉의 대표다.

〈커피 몽타주〉 신재웅 대표

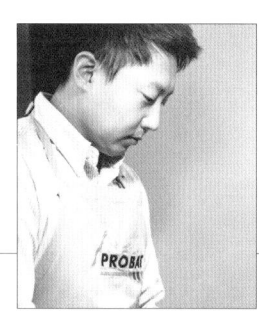

대학에서 신소재공학을 전공하고 국내의 한 반도체 회사에서 평범한 회사원으로 일하다가 2013년 봄, 로스팅 회사를 창업했다. 현재 서울 성내동의 커피 몽타주 매장과 더불어 경기도 하남에서 커피 몽타주의 로스팅 랩이자 카페인 〈커피 몽타주 더 스태디움〉을 운영 중이다.

〈엘 카페 커피 로스터스〉 양진호 대표

스페셜티 커피가 생소하던 2010년, 처음 엘카페 커피 로스터스를 오픈해 수많은 바리스타를 양산했으며, 지금은 서울 후암동으로 자리를 옮겨 로스팅 랩과 카페를 운영하고 있다. CoE 심사에도 꾸준히 참여하는 것과 더불어 2011년부터는 다이렉트 트레이드를 시작해 매년 커피산지를 방문하여 생산자들과 소통하며 좋은 품질의 커피를 소개하고 있다.

〈한국 커피〉 양한나 대표

한국 커피의 대표이자, 1992년 설립 후 원두커피의 대중화에 기여해 온 한국 커피가 스페셜티 커피로 사업 분야를 확장하면서부터 그린빈 바이어로서 본격적인 활동을 시작했다. 좋은 맛은 좋은 재료에서 나온다는 신념으로 정직하고 올바른 커피를 찾아 떠나는 것을 주저하지 않는 그린빈 바이어다.

〈지에스씨인터내셔널〉 이동근 팀장

2013년, 국내 생두 유통사인 지에스씨인터내셔널에 입사해 현재는 전략팀에서 팀장으로 근무하며 활발히 커피산지를 오가고 있다. 일본 미쓰이 상사의 국제물류 담당 트레이닝 과정을 수료한 것과 더불어 2016년에는 미국 미쓰이 푸드 선물거래 트레이닝 과정도 수료했다.

이동호 로스터

꾸준히 커피경력을 쌓으며 활동하던 중 많은 이들의 기대를 받으며 출전한 2016 월드컵테이스터스챔피언십에서 세계 2위에 오른 실력파 커퍼이자 로스터. 〈502 커피 로스터스〉를 거쳐 현재는 프리랜서 로스터로 활동 중이다.

〈커피 그래피티〉 이종훈 대표

서울 연남동에 있는 로스터리 커피 그래피티의 대표로 로스팅과 커피교육을 진행하고 있다. 2009, 2015년 두 차례에 걸쳐 월드바리스타챔피언십에 출전한 국가대표 바리스타이기도 하며, 지금도 끊임없이 커피를 연구하며 로스팅과 추출에 관련된 다양한 실험을 하고 있다.

〈모모스 커피〉 이현기 대표

2007년 부산 온천장 지역에 처음 오픈한 모모스 커피의 대표이자, 커피산지와 다이렉트 트레이드를 진행하며 지속 가능한 커피를 지향하는 그린빈 바이어다. 큐 그레이더 자격을 취득하고 CoE에서도 심사위원으로 활동하고 있다.

〈프릳츠 커피 컴퍼니〉 전경미 커퍼

큐그레이더 자격을 취득하고 ACE 커핑 프로그램을 수료하는 것은 물론 다이렉트 트레이드에도 참여하고 있는 등 커퍼로서 다양한 활동을 이어오고 있다. 현재는 공동 창업한 프릳츠 커피 컴퍼니에서 QC 업무를 담당하며 커핑 클래스도 꾸준히 진행하고 있다.

〈커피점빵〉, 〈더 로키〉 제인 실장

서울 광장동에 위치한 카페 커피점빵과 경기도 남양주에 위치한 로스터리 더 로키를 운영하며 전체 QC 업무를 담당하고 있다. 2011년 큐그레이더 자격을 취득한 이후 2014년 부터는 CoE 심사위원으로 활발히 활동하고 있다.

〈지에스씨인터내셔널〉 제인호 팀장

일본 도쿄의 〈도토루〉에서 처음 커피를 시작해 2012년에는 신촌에 로스터리를 오픈하기도 했다. 2014년부터 국내 생두 유통사인 지에스씨인터내셔널에서 근무하고 있으며, 현재 법인 영업팀 팀장으로 근무하고 있다.

〈유럽스페셜티커피학원〉 최치훈 원장

유럽스페셜티커피학원의 원장으로 아시아에서 최초로 SCA 커피 디플로마를 취득했다. CoE 심사위원이자 SCA 공인 트레이너이며 KCL Korea Coffee League의 심사위원장을 역임했다.

커핑 노하우

최고의 커피를 찾기 위한 커핑 로드맵

2017년 11월 6일 초판 1쇄 발행
2022년   6월 10일 초판 5쇄 발행

엮은이 아이비라인 출판팀
펴낸이 홍성대
편집 정성희, 이여진, 김하영
사진 김대현, 월간Coffee
디자인 스튜디오 고민
마케팅 홍준기, 양서정

펴낸곳 아이비라인
출판등록 2001년 12월 27일 제311-2003-00049호
주소 (04321) 서울시 용산구 한강대로 295 남영빌딩 5층 506호
전화 (02) 388-5061 **팩스** (02) 388-9880
홈페이지 www.the-cup.co.kr

ISBN 978-89-93461-41-1 13590